LA VIE PRIVÉE

DES DÉLIENS

ÉCOLE FRANÇAISE D'ATHÈNES
TRAVAUX ET MÉMOIRES
publiés par les professeurs de l'Institut supérieur d'études françaises et les membres étrangers de l'Ecole

FASCICULE VII

LA VIE PRIVÉE

DES DÉLIENS

PAR

Waldemar DÉONNA

Professeur à l'Université de Genève
Directeur du Musée d'Art et d'Histoire de Genève

PARIS

E. DE BOCCARD, ÉDITEUR

1, RUE DE MÉDICIS, 1

1948

AVANT-PROPOS

Ce texte avait été écrit pour servir de préambule à l'étude des objets mobiliers de Délos, qui forme la matière du fascicule XVIII de l'« Exploration archéologique de Délos » (1938), et il devait tout d'abord en être une partie intégrante. On a pensé toutefois qu'il était préférable de l'en détacher, pour laisser à la grande publication délienne son caractère propre, qui est celui d'une description méthodique des monuments, plus que d'une synthèse des résultats auxquels ils conduisent.

C'est dire que ce petit volume n'a pas la prétention d'être une histoire complète et minutieuse de la vie industrielle et économique à Délos, mais qu'il doit en être considéré comme une introduction générale, à laquelle les lecteurs du fascicule sur le mobilier délien voudront bien se référer.

ABRÉVIATIONS

AA. — *Jahrb. d. deutsch. arch. Instituts, Arch. Anzeiger.*

ABSA. — *Annual of the British School of arch. at Athens.*

AJA. — *American Journal of Arch.*

AM. — *Mitt. d. deutsch. arch. Instituts. Athenische Abhandl.*

ASAK. — *Anzeiger f. schweizerische Altertumskunde.*

BCH. — *Bulletin de Correspondance hellénique.*

CE. — Roussel, *Les cultes égyptiens à Délos*, 1916.

CRAI. — *Comptes rendus de l'Acad. des Inscr. et Belles-Lettres.*

DA. — Saglio-Pottier, *Dict. des ant. grecques et romaines.*

DCA. — Roussel, *Délos, colonie athénienne,* 1916.

E. — *Exploration archéologique de Délos.*

GBA. — *Gazette des Beaux-Arts.*

JDAI. — *Jahrbuch d. deutsch. arch. Instituts.*

JHS. — *Journal of hellenic Studies.*

JOAI. — *Jahreshefte des oesterr. arch. Instituts,* Wien.

JS. — *Journal des Savants.*

MA. — *Monumenti antichi.*

MP. — Fondation Eugène Piot. *Monuments et Mémoires.*

NS. — *Notizie degli Scavi.*

RA. — *Revue arch.*

RAAM. — *Revue de l'Art ancien et moderne (Revue de l'Art).*

REG. — *Rev. des Études grecques.*

RM. — *Mitt. d. deutsch. arch. Instituts, Römische Abteilung.*

Durrbach, **Choix.** — Durrbach, *Choix d'inscriptions de Délos,* 1921.

Lebègue, *Recherches.* — Lebègue, *Recherches sur Délos,* 1876.

Perrot, *HA.* — Perrot et Chipiez, *Histoire de l'Art.*

I. — Histoire sommaire de Délos et répartition chronologique de son mobilier.

Les documents étudiés dans le tome XVIII de l'Exploration archéologique de Délos se répartissent sur un long espace chronologique, depuis le moment où Délos est occupée par l'homme, jusqu'à son abandon[1], mais il s'en faut de beaucoup que toutes les étapes de cette civilisation soient également représentées.

Les objets mobiliers servent parfois à dater les milieux d'où on les exhume[2], et on a pu les qualifier, à Délos comme ailleurs, de « fossiles archéologiques »[3]. Toutefois, s'il en est dont la date est fixée avec précision, la chronologie de beaucoup d'entre eux demeure incertaine. Leur détermination est d'autant plus difficile qu'ils sont plus usuels et que leurs formes sont plus simples, car celles-ci se perpétuent sans changement pendant des siècles ; les tables à pressoirs, les tables à mesures de capacité, les pierres à écraser le grain, les mortiers, et bien d'autres ustensiles, sont encore en usage sous les mêmes apparences dans les

1. Sur l'histoire de Délos, cf. Lebègue, *Recherches*, p. 267 sq. ; l'excellent résumé de Roussel, *Délos*, 1925, dans la collection *Le Monde hellénique* ; id., DCA ; Laidlaw, *A history of Delos*, Oxford, 1933 ; Larsen, Roman Greece (Frank, An economic Survey of ancient Rome, IV, 1938), 334, Delos in the economic Life of the Period (économie et finances de Délos aux iiie et iie s. av. J.-C.) ; cf. REG, LV, 1945, 155 ; les références données par Philippart, *Délos, notes bibliographiques*, Rev. belge de phil. et d'hist., 1922, p. 784 sq. On divise cette histoire en plusieurs périodes, selon les régimes politiques de l'île :
    1) période préhellénique et grecque primitive.
    2) id. de l'amphyctionie ionienne, du viie au ve siècle. Cf. Durrbach, *Choix*, I, p. 1-2.
    3) id., de l'amphyctionie attico-délienne, de 478-314, *ibid.*.
    4) id., de l'indépendance, de 314-166, *ibid.*, p. 15.
    5) id., de la colonie athénienne, de 166 à la fin, *ibid.*, p. 114.
2. BCH, 40, 1916, p. 64.
3. Ibid., p. 68.

temps modernes et contemporains et fournissent des exemples de ces survivances. Cependant la chronologie des objets
mobiliers de Délos trouve deux points principaux de repère,
dans l'extension du port et de la ville gréco-romaine à partir
de 166 avant J.-C., dans les pillages de 88 et de 69 avant
J.-C., qui entraînent leur décadence, et c'est surtout dans
ces limites que les documents sont abondants.

1. — *Délos primitive*. — C'est au géologue qu'il appartient de discerner comment l'île de Délos s'est constituée,
les éléments historiques que renferment de très vieilles légendes, et M. Cayeux s'est acquitté de cette tâche [1]. Le plus
ancien témoin de la vie y est fourni par une molaire d'« Ele-
phas antiquus », trouvée au S. de l'Agora des Italiens, « pour
le moment l'unique document que l'on possède sur l'une des
dernières phases de l'histoire du continent égéen » [2] ; à cette
époque, en effet, au début de la période quaternaire, Délos
est encore reliée au continent [3].

Les traces les plus anciennes de l'homme remontent-elles
à l'époque néolithique ? « Je crois pouvoir le déduire à Délos
d'un instrument en pierre polie exhumé par les travaux de
l'Ecole française », dit M. Cayeux [4]. Mais l'usage de ces
outils a persisté longtemps après l'âge de la pierre, et ceux
de Délos sont postérieurs [5]. Dans les couches profondes du
sanctuaire d'Apollon [6], sous l'oikos des Naxiens, des fondations rappellent les maisons néolithiques de Thessalie, et
cet oikos aurait été élevé sur l'emplacement d'un des plus
anciens habitats déliens [7]. Dans le quartier au S. de l'Agora
Tétragone, ce sont peut-être des fonds de cabanes ou des
silos à provisions, des fosses à détritus, comme on en trouve

1. E, IV, 1, p. 142, Les légendes relatives à l'origine de Délos, con-
sidérées dans leurs rapports avec l'évolution du massif des Cyclades.

2. Cayeux, *Comptes rendus Acad. des Sciences*, 1908, p. 1089 ; E,
IV, 1, p. 39, fig. 19-20, p. 134.

3. E, IV, 1, p. 140.

4. E, IV, 1, p. 144.

5. Voir plus loin.

6. Roussel, *Délos*, p. 5.

7. CRAI, 1910, p. 314.

dans les stations néolithiques de l'Europe centrale et occidentale [1]. Ainsi, en deux points du sanctuaire, « on pense avoir relevé cette année des vestiges caractéristiques d'établissements humains d'une époque extrêmement reculée » [2].

Si l'antre du Cynthe [3] ne remonte pas à l'époque préhellénique, comme on le supposait jadis, mais semble n'être guère plus ancien que la fin du IVe ou la première moitié du IIIe siècle [4], le nom lui-même de la montagne délienne ont un souvenir des Préhellènes [5], et à son sommet l'habitat découvert en 1916, groupant une douzaine de cabanes [6], date de la fin du 3e ou du début du 2e millénaire, en tout cas d'avant 1800 [7]. Son mobilier [8] atteste une population vivant de la pêche, d'un peu d'agriculture et d'élevage, et entretenant déjà des relations commerciales avec le dehors, ainsi qu'en témoignent les lames d'obsidienne [9], sans doute importées de Milo qui en est le principal gisement dans les régions égéennes et dont le commerce s'étend au loin [10]. Ce sont des

1. *Ibid.*, p. 312.
2. *Ibid.*, p. 314 ; E, XI, p. 48, note 3.
3. Sur l'antre du Cynthe, E, XI, p. 228 sq. ; Vallois, Les Νυκτο-φυλάξια de Délos et l'antre cynthien, BCH, 55, 1931, p. 274. Ce serait pour Rubensohn le Καβείρειον τὸ εἰς Κύνθον AA, 46, 1931, p. 375 ; REG, 1932, p. 47 ; Waltz, *Rev. des études homériques*, I, 1931, p. 5.
4. E, XI, p. 254, note 5 ; BCH, 55, 1931, p. 282-3 ; W. Cleland, The age of the Grotto of Apollo in the island of Délos, Classical Journal, XXVIII, 1933, p. 271.
5. E, XI, p. 50. On sait en effet que les mots grecs terminés en υνθος semblent d'origine préhellénique.
6. BCH, 45, 1921, p. 534 ; 46, 1922, p. 519 ; DCA, p. 5 ; E, XI, Plassart, Les sanctuaires et les cultes du Mont Cynthe, 1929, p. 11 sq. ; Charbonneaux, Le mont Cynthe à Délos, JS, avril 1930.
7. Dates, E, XI, p. 45 sq., 309.
8. Description de ce mobilier, E, XI, p. 23 sq., L'outillage, métal, pierre, terre cuite.
9. E, XI, p. 33, fig. 31, p. 309. Au Musée, B 5640-8. — On a trouvé des lames d'obsidienne en d'autres points de la fouille : B 1132, Naos b' ; B 1133, Hiéron ; B 1134, N. du lac, 1899 ; 5006, Citerne du théâtre, 1912 ; 5638. S. de l'Oikos des Naxiens ; 5907, 5915, 5916, 5917, 5918, 5919, 5920 ; 1374-5, s. pr., 1908 ; 5639, maison de la table.
10. *Excavations at Phylakopi*, p. 216 sq., The obsidian Trade ; Blin-

pierres à écraser le grain[1], des palettes à broyer les couleurs[2], des mortiers[3], des broyeurs et des pilons[4], des
hâches, des marteaux[5], des aiguisoirs[6], des polisseurs[7], des
poids de filets[8], des disques plats, sans doute des couver-
cles[9], des petites coupes de marbre sans pied[10], des fusaïoles[11], des vases divers sans peinture[12], un trépied en argile[13],
etc., outillage dont nous avons décrit ailleurs les principaux
objets[14]. La sculpture n'y est pas représentée par ces idoles
en marbre que l'on trouve en abondance dans les tombes
énéolithiques des Cyclades, et on ne saurait accepter sans
hésitation la provenance délienne attribuée à deux idoles de

kenberg, *Lindos, I, Les petits objets*, p. 61, no 1 ; Dugas, *Les céramiques des Cyclades*, p. 10 ; Montélius, *La Grèce préclassique*, 1924,
p. 93, référ.
On en trouve déjà dans la première ville de Hissarlik, *Troja und
Ilion*, p. 323 ; dans les établissements préhistoriques d'Argos, BCH,
XXX, 1906, p. 39. — Il existe toutefois d'autres gisements d'obsidienne. A Cos, des outils en cette matière proviennent sans doute des
gisements de l'île voisine de Tali. *Annuario r. Scuola di arch. in Atene*,
VIII-IX, 1925-6, p. 278, fig. 63.
    1. E, XVIII, p. 124, no 60.
    2. E, XI, p. 26, 27, fig. 25.
    3. *Ibid.*, p. 27.
    4. *Ibid.*, p. 19, 21, 22, 23 sq., 27, 29 ; XVIII, p. 125, no 61 a.
    5. *Ibid.*, p. 31. Deux marteaux et une petite hache.
    B 5731. *Ibid.*, fig. 28 à droite. Pierre noirâtre. D'un côté une pointe
émoussée par l'usage, de l'autre une petite face plane et polie. Long.
0,065 ; haut. 0,03.
    B 5732. *Ibid.*, fig. 28 à gauche. Marteau, brisé au trou d'emman-
chement, en pierre d'un bleu-noir. Haut. 0,04 ; long. 0,065 ; larg.
max. 0,045.
    Un deuxième marteau, s. no. Galet long de 0,12, large de 0,04 à la
queue et de 0,07 à l'extrémité contondante.
    6. *Ibid.*, p. 28, fig. 12, 22. En marbre, granit, gneiss. Ex. B 5723.
    7. *Ibid.*, p. 28. Galets plats en pierre dure, parfois en marbre blanc.
    8. E, XVIII, p. 153, no 71.
    9. E, XI, p. 33, fig. 32.
    10. *Ibid.*, p. 27.
    11. E. XVIII, p. 268, no 138.
    12. E, XI, p. 35 sq. ; BCH, 1922, p. 519-20.
    13. BCH, 46, 1922, p. 520, fig. 9 ; E, XI, p. 34, fig. 33. Frag-
ments d'autres exemplaires.
    14. Voir E, XVIII, no 56 a (mortiers), no 58 a (écuelle-mortier),
no 59 a-h (broyeurs), no 60 (meulettes), no 105 a (outils divers), no 105 b
(aiguisoirs), no 142 (patère en terre cuite), no 158 a (pendeloques),
nos 158 b, 173 b (coquillages), no 173 f (osselets).

ce type, l'une au Musée de Berlin [1], l'autre au musée de Mayence [2].

*
* *

Dans le hiéron, on a exhumé les restes d'un habitat préhellénique [3], ceux d'un trésor de temple égéen et géométrique [4]. L'oikos des Naxiens [5], le Plinthinos oikos [6], des autels primitifs [7] remontent aussi à la période préhellénique. Les deux tombes « mycéniennes », l'une au S. du Portique d'Antigone [8], sans doute celle des Vierges hyperboréennes Upis et Argé, l'autre dans l'Artémision, sans doute celle des Vierges hyperboréennes Hypéroché et Laodiké [9], sont « prémycénien-

1. E, XI, p. 47, et note 3 ; *Beschreib. Antik. Skulpt,* 189, n° 577 ; Bossert, *Altkreta,* fig. 14.

2. *Mainzer Zeitschr.,* XXIX-XXV, 1929-30, pl. XXIII, 4, « Idol von Délos ». Elle a été achetée à Rome par M. Pollak, qui a donné cette indication de provenance.

3. BCH, 48, 1924, p. 260, 427 ; Vallois, L'architecture hellénique et hellénistique à Délos, I, 1944, 7. Les origines : période égéenne et géométrique. Etablissement remontant à l'époque mycénienne, dont l'existence s'est prolongée jusqu'au VIIIe s.

4. Vallois, 10, région de l'Artémision. Plusieurs fragments en ivoire (spirales, rosaces, fleurs de lis, rondelles), têtes de clous en bronze doré, feuilles d'or, grains de colliers, pointe de bronze (flèche), etc. ; 108, fig., reconstitution d'un disque en ivoire avec rosaces. Ces vestiges ont été complétés par la découverte en 1946 de pièces importantes appartenant à ce trésor, et qui sont encore inédites. Cf. REG, LVIII, 1945, 247.

Autres vestiges, 14, 11. Région sud du hiéron.

5. Cf. 65, liste des inventaires, Oikos des Naxiens.

6. *Ibid.,* Plinthinos oikos.

7. Vallois, L'architecture hellénique et hellénistique à Délos, I, 1944, 20, III. — Sur ces diverses constructions préhelléniques, *ibid.,* 8 sq.

8. E, V, Courby, Le portique d'Antigone, p. 63 sq., fig. 82 ; p. 2, fig. 2, pl. I-II, n° 5 ; E, XI, p. 47 et note 5 ; BCH, 39, 1915, p. 420, note 1 ; 48, 1924, p. 248 ; CRAI, 1907, p. 338, 340.

9. Picard, Les tombeaux des Vierges hyperboréennes, CRAI, 1923, p. 238 ; BCH, 1923, p. 525 ; Picard et Replat, Recherches sur la topographie du hiéron délien, *ibid.,* 48, 1924, p. 247 sq. ; Vallois, L'Artémision, le monument des Hyperboréennes, *ibid.,* 1924, p. 411 ; E, XI, p. 47 et note 4.

On sait que ces tombes, visibles lors de la purification de 426, ne furent pas détruites comme le reste de la nécropole, car elles étaient devenues les héroa des Vierges Hyperboréennes. E, V, p. 50, 71 sq.

MM. Couchoud et Svoronos reconnaissent sur une des bagues en or de Tirynthe, trouvées en 1916, le départ pour Délos de deux des Vierges

nes » et contemporaines de l'habitat du Cynthe [1]. Ces tombes, avec le trépied en terre cuite du Cynthe [2], qui peut avoir servi d'autel domestique, de table d'offrandes, donnent quelques indications sur les croyances religieuses de ces Déliens primitifs [3]. Dans leur mobilier, nous notons une hache en pierre polie, semblable à celles du Cynthe [4].

Ces premiers habitants sont-ils les Cariens que mentionnent les textes anciens [5] ? Le sommet du Cynthe a livré en abondance des meules à grains, que le Carien Μύλης passait pour avoir inventées [6], mais on ne saurait rien déduire de cette constatation. Lors de la purification de 426, dit Thucydide, plus de la moitié des tombes « se trouvèrent appartenir à des Cariens ; on les reconnut à la forme des armes qu'elles renfermaient, et à la manière dont ce peuple enterre encore aujourd'hui les morts. » On n'a toutefois pas retrouvé ces types cariens dans la grande fosse de Rhénée ; peut-être avait-on mis à part les sépultures non helléniques que l'on retrouvera un jour. Il faut en tout cas retenir du texte de l'historien l'existence à Délos, en 426, de tombes très anciennes que les Grecs ne reconnaissaient pas comme helléniques. Etaient-ce celles des premiers habitants du Cynthe ? [7]. On ne

Hyperboréennes, et sur un cachet en pierre de Crète, « nous pensons qu'un artiste crétois y avait figuré l'arrivée à Délos de la première « theoris » ; le navire sacré, en forme de colombe blanche, abordait au port, amenant un couple d'Hyperboréennes, qu'accueillaient, avec des gestes amicaux, les deux autres Vierges précédemment arrivées, selon ce que nous dit Hérodote », BCH, 45, 1921, p. 289.

1. E, XI, p. 310 ; X, p. 45, 47 ; BCH, 48, 1924, p. 249. — Vallois, L'architecture hellénique et hellénistique à Délos, I, 1944, 8 sq. I. Région de L'Artémision. Les deux monuments des Vierges hyperboréennes remontent aux premières périodes du MM (I et II) et ont été l'objet de cultes au moins dès le MR II.

2. E, XI, p. 34, fig. 33.

3. Nous ne savons pas quelles sont les croyances religieuses des habitants du Cynthe. Peut-être, comme ailleurs dans les Cyclades, pratiquaient-ils un culte solaire. E, XI, p. 66. — Cf. Rubensohn, *Zur Vorgeschichte des delischen Kultes*, AA, 1931, p. 361.

4. B 3275 (A 796)-107. Ouest de l'Artémision. Long. 0,09.

5. E, XI, p. 50, 310.

6. Picard, *Ephèse et Claros*, p. 576, note 1 ; RAAM, XLII, 1922, p. 380, note 1 ; E, XI, p. 50, note 3.

7. E, XI, p. 49-50.

saurait en tout cas leur attribuer, comme on l'avait supposé, les faucilles de métal, δρέπανα, trouvées dans les tombes de Rhénée, qui ne sont point des armes, et dont l'usage persiste en pleine époque historique [1].

2. — *Délos minoenne et mycénienne.* — Il semble que Délos soit abandonnée pendant quelques siècles, pour être réoccupée à l'époque mycénienne, car il y a une lacune entre les vestiges préhelléniques que nous venons de citer et ceux qui les suivent [2].

Toutefois divers témoignages attestent des relations avec la Crète. Le nom de la Fontaine Minoé est caractéristique [3]. Les cultes de Léto avec la légende de la nativité apollinienne, d'Eileithyia [4], de Zeus au sommet du Cynthe, auraient été apportés par des Crétois [5] ; le mythe des Vierges hyperboréennes ramène à la grande île [6]. A son retour de Crète, Thésée institue à Délos la danse du Geranos [7], le rite de la flagellation autour de l'autel des Cornes [8]. C'est encore à la

---

1. Une cinquantaine de minces petites faucilles dans la tombe de la purification ; une autre dans une tombe géométrique. On en a trouvé encore à Rhénée dans des tombes de la fin du Vᵉ siècle. Il est donc peu vraisemblable de penser que les Grecs de 426 aient eu l'idée d'attribuer aux Cariens des objets qu'ils utilisaient encore eux-mêmes. Pour quelques auteurs, ces faucilles seraient des monnaies de type primitif ; pour Rhomaios, des prix donnés aux choreutes d'Artémis, rappelant ceux du hiéron d'Artémis Orthia à Sparte, ou des instruments servant à couper des rameaux et des épis sacrés. On en a cependant trouvé dans des tombes macédoniennes de la 2ᵉ moitié du Vᵉ siècle, avec des casques et des épées ; il est donc possible qu'elles servaient aussi d'armes. BCH, XLVIII, 1924, p. 484 sq. ; E, XI, p. 49, note 7 ; Rhomaios, *Arch. Deltion*, XII, 1929 (1932), p. 213 sq., fig. 20-23 ; REG, 1933, p. 89.
2. E, XI, p. 48, 309-10.
3. BCH, 45, 1921, p. 294.
4. BCH, 46, 1922, p. 88 ; E, XI, p. 308.
5. E, XI, p. 66, 68.
6. Picard, La Crète et les légendes hyperboréennes, RA, XXV, 1927, p. 349.
7. Sur cette danse, Emmanuel, *La danse grecque*, p. 251 ; Nilsson, *Griech. Feste*, p. 380 ; Weege, *Der Tanz in der Antike*, p. 61 ; Séchan, *La danse grecque antique*, p. 120 ; Lebègue, *Recherches*, p. 15, 43, 222 ; BCH, VIII, 1884, p. 435 ; *Mélanges Holleaux*, p. 61 ; REG, 1933, p. 14 ; AJA, XXXVII, 1933, p. 454.
Le débarquement de Thésée à Délos, la danse du géranos, sont figurés sur le vase François. BCH, 48, 1924, p. 445, note 2.
8. BCH, 48, 1924, p. 445, 436 ; REG, 1923, p. 22 ; Lebègue, *Recher-*

période égéenne que MM. Couchoud et Svoronos font remonter un culte délien du navire sacré [1].

Le rôle religieux de Délos s'affirme donc déjà dans les temps préhelléniques [2], mais ses relations certaines avec la Crète, encore peu fréquentes à l'époque minoenne [3], ne datent guère que de l'époque mycénienne [4]. A celle-ci appartiennent des fragments de vases, les uns (prémycéniens ou mycéniens ?) trouvés dans le tombeau « mycénien » du Portique d'Antigone [5] et dans celui de l'Artémision [6], les autres en divers points du sanctuaire d'Apollon [7] et au sommet du Cynthe [8], alors que la fosse de la purification à Rhénée n'en

---

ches, p. 43. Sur l'autel des Cornes, fait de cornes entrelacées, disait-on : Lebègue, *Recherches*, p. 42 ; Homolle, L'autel des Cornes à Délos, BCH, VIII, 1884, p. 417 ; Courby, L'autel des cornes à Délos, *Mélanges Holleaux*, p. 59 ; Cahen, L'autel des cornes et l'hymne à Délos de Callimaque, REG, 1923, p. 14 ; BCH, XLV, 1921, pl. VI, plan ; Vallois, L'Artémision, le monument des hyperboréennes, l'olivier sacré et le Kératòn, *ibid.*, XLVIII, 1924, p. 411, 435, 445 ; DCA, p. 284. — Bethe place le Kératòn dans le Letòon, Hermes, LXXII, 1937, 190 ; Die Antike, XIV, 81 ; cf. REG, LII, 1939, 286.

On a découvert, dans le temple géométrique de Dréros, en Crète, un Keratòn, autel creux rempli de cornes de chevreaux, qu'il convient de rapprocher de celui de Délos. BCH, LX, 1936, p. 224 ; p. 241 sq., 243, fig. 18 (cornes) ; AJA, XL, 136, p. 269 ; REG, XLIX, 1936, p. 181. Cf. Deonna, Les cornes gauches des autels de Dréros et de Délos, REA, XIII, 1940, 111.

1. BCH, 45, 1921, p. 270 sq. Voir plus loin, VIII, 56.
2. BCH, 45, 1921, p. 294.
3. Quelques fragments de vases sont antérieurs à 1500, Dugas, *Les céramiques des Cyclades*, p. 34 ; E, V, p. 69 ; D, fig. 91, p. 49 sq., Céramique à peinture mate, 2800-1500.
Vase dénotant une influence crétoise, de type courant au MM en Crète, Dugas, *op. l.*, p. 61, note 1 ; E, V, p. 69, fig. 91.
Dans le tombeau de l'Artémision, fragments de vases cycladiques rappelant des types minoens, BCH, 48, 1924, p. 258-9, 260 (MM. II).
4. E, XI, p. 310, 66, 68.
5. E, V, p. 68 sq., fig. 89-93 ; E, XI, p. 48 sq.
6. Celui des Vierges Hyéroché et Laodiké, BCH, 47, 1923, p. 527; 48, 1924, p. 258-9.
7. E, XI, p. 48, référ. ; CRAI, 1907, p. 338 ; BCH, XXXV, 1911, p. 351 ; terrasse à l'Ouest du téménos, CRAI, 1907, p. 341 ; construction archaïque dans la région des Trésors, CRAI, 1908, p. 180 ; dans les fondations du mur E. du péribole, BCH, XXXI, 1907, p. 476, note 1 ; au-dessous des maisons à l'Ouest de la salle hypostyle, CRAI, 1909, p. 401 ; près du grand môle du port, CRAI, 1909, p. 400.
8. E, XI, p. 48, 52 ; CRAI, 1922, p. 431.

a livré qu'un seul [1]. Des restes très anciens dans la région des Trésors sont sans doute ceux d'habitations privées de la basse époque mycénienne, abandonnées avant le cours du VIIIe siècle [2].

Parmi les objets de cette étude, quelques intailles appartiennent à l'époque mycénienne [3].

3. — *Délos archaïque*. — Les premiers siècles de la civilisation proprement hellénique, depuis l'époque submycénienne et géométrique, jusqu'à la fin de l'époque archaïque [4], ont laissé de nombreux témoins, constructions architecturales [5], sculptures [6], vases peints de divers styles [7], dipylien,

1. E, XI, p. 48. Sur les vases préhelléniques de Délos, Dugas et Rhomaios, E, XV, *Les vases préhelléniques et géométriques*, 1934.

2. CRAI, 1908, p. 180-2, avec tessons mycéniens, géométriques.

3. E, XVIII, n° 128 a.

4. Bethe, *Das archäische Delos und sein Letoon*, Hermes, 72, 1937, p. 190 ; id., *Das archäische Delos, Die Antike*, 14, 2, 1932, p. 81.

5. *Habitations*. — Vestiges d'anciennes habitations dans la région de l'Agora du sud (Tétragone), dans la rue dite des Portiques, qui relie l'Agora des Compétaliastes au quartier de l'Est, E, VIII, 1, p. 13. — Près du grand môle, trace d'une bourgade, avec des tessons géométriques, BCH, 40, 1916, p. 64 ; CRAI, 1909, p. 403. — Dans les couches profondes du téménos d'Apollon, restes de demeures, avec fragments géométriques, orientalisants, CRAI, 1908, p. 180 ; 1909, p. 275 ; 1907, p. 341 ; BCH, XXXV, 1911, p. 351 ; E, XI, p. 48. — Dans l'insula III, au bas du quartier du théâtre, près du port, les traces d'habitat dans cette partie du quartier remontent jusqu'au VIIe siècle, peut-être plus haut encore. E, VIII, 1, p. 37.

Edifices religieux. — Nous nous bornons à rappeler les édifices archaïques du sanctuaire, stoa, oikos des Naxiens, Artémision, temple d'Apollon, etc.

6. La sculpture de l'île comprend de nombreuses œuvres archaïques, Kouroi, Korés, sphinx, lions du lac Sacré, Apollon des Naxiens, ex-voto d'Euthykartidès, de Nicandra, etc.

7. Les découvertes de vases archaïques ne sont pas rares à Délos. Poulsen-Dugas, Vases archaïques de Délos, BCH, XXXV, 1911, p. 350 ; Dugas, *Les céramiques des Cyclades*, p. 110, B, Poterie peinte de la fin de l'âge du bronze au début du VIIe siècle ; Poulsen, MP, XVI, 1908, p. 25 ; id., Un plat-rhodien ionien trouvé à Délos, MP, XXVIII, 1925-6, p. 19, etc.

Voici quelques provenances :

Dans le hiéron, la plus grande partie des vases archaïques a été exhumée à l'Ouest de l'Artémision. Dans l'article de MM. Poulsen et Dugas, BCH, XXXV, 1911, p. 350, les vases sans indication d'origine

crétois géométrique, rhodien géométrique, chypriote géométrique, géométrique des Cyclades, orientalisant délien, rho-

ont cette provenance. — Dans le remblai à l'Ouest de l'Artémision,
BCH, XXXV, 1911, p. 350 ; CRAI, 1908, p. 162. — Dans le remblai
à l'Est du portique de l'Artémision (géométriques, méliens, etc.), CRAI,
1909, p. 413. — Près du temple d'Artémis (géométriques), BCH, 52,
1928, p. 498. — Région de l'Artémision (géométriques des Cyclades),
BCH, XXXV, 1911, p. 355, n. 10. — Dans le tombeau des Vierges
hyperboréennes Hyperoché et Laodiké, de l'Artémision, poteries allant
jusqu'aux séries corinthiennes, BCH, 47, 1923, p. 527 ; 48, 1924,
p. 259. — Près de cette tombe, fragments géométriques, BCH, 47,
1923, p. 527.

Dans la tombe « mycénienne » du Portique d'Antigone, CRAI, 1907,
p. 340.

En divers points du téménos d'Apollon, E, XI, p. 48 (géométriques) :
BCH, XXXVI, 1912, p. 510, n° 37 (rhodien-géométrique). — À l'est
du temple d'Apollon (mélien), BCH, XXXV, 1911, p. 413, n° 80. —
Au SE du temple d'Apollon (mélien), ibid., p. 414, n° 81. — Au NE
du temple d'Apollon, BCH, XXXV, 1911, p. 371, n° 37 (délien géométrique). Trésor 2 (géométrique des Cyclades), BCH, XXXV, 1911,
p. 355, n° 9, 356, n° 16 ; 360, n° 26 (style de Rhénée). — Près des
Trésors (mélien), BCH, XXXV, 1911, p. 417, n° 87.

Terrasse occidentale du téménos, près de la mer (du géométrique aux
figures noires), CRAI, 1904, p. 730 ; 1907, p. 363, 341. — Portique
à l'Ouest du téménos (géométrique des Cyclades), BCH, XXXV, 1911,
p. 356, n° 15. — Région Ouest du téménos (délien géométrique), BCH,
XXXV, 1911, p. 367, n° 34 ; id. (délien orientalisant), ibid., p. 397,
n° 61 ; id. (mélien), ibid., p. 410, n° 77.

Près de l'autel de Zeus Polieus (tombeaux géométriques), BCH, XXXV,
1911, p. 352 (géométrique des Cyclades), 381, n° 50 (géométrique eubéen) ; BCH, 39, 1915, p. 420.

Monument à l'angle Nord-Ouest du téménos (faux Porinos Oikos,
délien orientalisant), BCH, XXXV, 1911, p. 397, n° 63.

Létôon (surtout orientalisants, corinthiens, quelques fragments à figures noires), BCH, 53, 1929, p. 217 ; Vallois, *Nouvelles archives des
missions scientifiques*, XXII, 1921, p. 204.

Maison à l'Ouest de la salle hypostyle, CRAI, 1909, p. 403 ; BCH,
XXXV, 1911, p. 357, n° 18 (géométrique des Cyclades). — Au Nord-
Ouest de la salle hypostyle, près de la mer (géométrique eubéen), BCH,
XXXV, 1911, p. 372, n° 39.

Oikos des Naxiens (géométriques), CRAI, 1910, p. 314.

Côté Est du Portique d'Antigone (délien orientalisant), BCH, XXXV,
1911, p. 398, n° 64.

Près de la base des Progonoi (mélien), BCH, XXXV, 1911,
p. 411, n° 78.

Nombreux fragments dans la région de l'Agora du Sud, près de
l'Agora des Compétaliastes, E, VIII, 1, p. 13.

Au S. de l'Agora Tétragone (géométrique, mélien, etc.), CRAI, 1910,
p. 311.

dien, protomélien et mélien, protocorinthien et corinthien, naucratie, etc., puis attique à figures noires et rouges. Ces

Maison au S. de l'Agora (géométrique eubéen), BCH, XXXV, 1911, p. 376, n⁰ 43.

Au NE du téménos (protomélien), *ibid.*, p. 382, n⁰ 52.

Dans la maison dite de Kerdon (géométrique des Cyclades), BCH, XXXV, 1911, p. 359, n⁰ 22.

Près du grand môle du port, et près des quais, CRAI, 1099, p. 400, 401.

Dans un magasin du port, CRAI, 1904, p. 737, 746 ; BCH, LVIII, 1934, p. 199.

Dans la chambre VI du magasin δ, BCH, XXX, 1906, p. 647, note 3; XXXV, 1911, p. 381, n⁰ 51 (protomélien).

Dans le bas quartier du théâtre, partie N. de l'insula III, on a trouvé des tessons archaïques, de plus en plus nombreux a mesure que l'on se rapprochait du N., c'est-à-dire de la région voisine du port ; toutes les séries céramiques y sont représentées, excepté le mycénien. et les vases à figures noires et rouges qui manquent presque complètement, et dont un seul fragment a été signalé (BCH, 1906, XXX, p. 605), CRAI, 1907, p. 358, 360 ; BCH, XXXV, 1911, p. 350 ; Poulsen, MP, XVI, p. 25 et pl. III ; BCH, 39, 1915, p. 419 ; E, VIII, 1, p. 37, 69, 224.

Trois ou quatre fragments seulement du côté E. de la rue du Théâtre, E, VIII, 1, p. 224.

Maison au Nord-Ouest de la rue du théâtre (délien orientalisant), BCH, XXXV, 1911, p. 396, n⁰ 59 ; 397, n⁰ 62 ; *ibid.* (géométrique eubéen), p. 380, n⁰ 48.

Maison au N. de la maison du Dionysos, BCH, XXXV, 1911, p. 415, n⁰ 82 (mélien). — Au Nord-Ouest de la maison du Dionysos (mélien), *ibid.*, p. 416, n⁰ 83. — Au Nord-Est de la maison de Dionysos, BCH, XXXV, 1911, p. 357, n⁰ 19. — Au Nord-Ouest de la maison du Trident (mélien), BCH, XXXV, 1911, p. 416, n⁰ 85.

On n'a trouvé aucun tesson archaïque dans l'insula IV du quartier du Théâtre, pas plus que dans les autres insulae, ce qui prouve que la ville ne s'étendait pas jusque là avant l'époque hellénistique. E, VIII, p. 50, 52.

Une importante trouvaille de vases archaïques a été faite dans l'ancien Héraion. CRAI, 1911, p. 551 ; E, X, Dugas, Les vases de l'Heraion, 1928 ; E, XI, Plassart, Les sanctuaires et les cultes du Cynthe ; RAAM, 1912, I, p. 339. On peut dater les plus anciennes pièces du dépôt du milieu du viiᵉ siècle, mais les offrandes ne sont abondantes que vers la fin du viiᵉ et le début du viᵉ siècle. La date la plus récente est donnée par des vases à figures rouges attiques de vers 520. L'ensemble du dépôt se place donc entre la fin du viiᵉ siècle et les 80 premières années du viᵉ. E, X, p. 6-7 ; XI, p. 169 ; DCA, p. 245, note 2.

Téménos des dieux égyptiens, entre le temple et l'extrémité sud de la terrasse (fragments corinthiens), CRAI, 1909, p. 295.

Au sommet du Cynthe, au sanctuaire de Zeus Cynthien (fragments

vases proviennent des habitations, du sanctuaire où ils étaient
déposés en ex-voto, et de l'ancienne nécropole où ils furent
oubliés lors du transfert à Rhénée de son mobilier [1]. Ce sont
aussi quelques figurines en terre cuite [2], en bronze [3], des
objets en os, en ivoire [4]. Mais les objets qui datent de la
période archaïque et que nous mentionnons sont en nombre
assez restreint : figurines en bronze de chevaux (n° 49),
de bœufs (n° 49), de bélier (n° 49), de coq (n° 49),
de lion (n° 49) ; statuettes en calcaire (n° 46, volatiles ;
n° 73, Chypre) ; Kouros de bronze, formant manche de
miroir [5] ; fragments de trépieds [6], buste humain ailé [7] et protomé de Satyre ou d'Achéloüs [8], qui ornaient de grands chaudrons ; fusaïoles [9], fibules [10], épingles [11], pendeloques en or[12],
en faïence [13], perles [14], scarabées égyptiens [15], intailles [16], mé-

géométriques, orientalisants, méliens, naucratites, attiques), E, XI,
p. 52 sq., 54 sq., 58, 60.

Fragments corinthiens, rhodo-corinthiens, lacono-cyrénéens, rhodiens,
géométriques tardifs, naucratites, méliens, trouvés dans les fouilles du
Dioskourion, à Fourni, BCH, LVIII, 1934, p. 195.

Fragments attiques, à fig. noires et rouges : BCH, XXXV ; 1911,
p. 351; dans les fouilles du Dioskourion, à Phourni, LVIII, 1934, p. 195.

Fragment de vase archaïque à reliefs, Courby, *Les vases grecs à
reliefs*, p. 80. — Sur les vases archaïques de Délos : Dugas, E, X,
Les vases de L'Héraion, 1928 ; id. et Rhomaios, XV, *Les vases préhelléniques et géométriques*, 1934 (cf. RA, 1935, I, p. 283, Picard ; *L'antiquité classique*, III, 1934, p. 464) ; id., XVII, *Les vases orientalisants de style non mélien*, 1935 (cf. RA, 1936, II, p. 227 ; REG,
1936, p. 100 ; GBA, 1937, I, p. 203).

1. Voir plus loin, IX, 60.

2. Ex. Héraion, E, XI, p. 154 sq. ; téménos des dieux égyptiens,
entre le temple et l'extrémité de la terrasse, CRAI, 1910, p. 295.

3. Terrasse à l'Ouest du sanctuaire d'Apollon, avec des fragments
céramiques des plus anciennes séries, CRAI, 1904, p. 400, 731.

4. Héraion, CRAI, 1911, p. 423, 551.

5. E, XVIII, n° 142.

6. *Ibid.*, n° 28.

7. *Ibid.*, n° 29.

8. *Ibid.*, n° 29.

9. *Ibid.*, n° 138.

10. *Ibid.*, n° 150.

11. *Ibid.*, n° 144 sq.

12. *Ibid.*, n° 158 c.

13. *Ibid.*, n° 158 d.

14. *Ibid.*, n° 159.

15. *Ibid.*, n° 128 c.

16. *Ibid.*, n° 128 d.

daillon en plomb à l'image de Cybèle, applique de coffret
en ivoire, avec chien couchant [1], fragments divers en os et en
ivoire [2], osselets [3], outils [4], rouelle [5], phallos [6], débris de
couronnes [7].

4. — *Délos classique, du* ve *au* iiie *siècle.* — Si importante que soit Délos aux ve, ive et iiie siècles, les documents
mobiliers que nous pouvons rapporter avec certitude à cette
période sont rares [8]. Mentionnons en particulier deux fragments de tables en marbre avec reliefs [9], un miroir à relief [10],
des lampes, etc.

5. — *Délos hellénistique et gréco-romaine.* — A partir du
iie siècle environ commence le grand développement de Délos
et s'élabore la transformation de la ville sainte en ville marchande, en place de commerce. Celle-ci devient de plus en
plus importante depuis 130[11], pour parvenir à sa plus grande
prospérité entre 110 et 88[12]. Elle compte une population
nombreuse, d'environ 50.000 habitants selon les calculs de
Beloch, qui ne reposent il est vrai sur aucune donnée précise[13].
de 20 à 30.000 au maximum selon M. Roussel[14]. Les ruines
attestent sa densité dans les hauts quartiers de la ville, où

1. E, XVIII, no 119.
2. *Ibid.*, no 120 sq.
3. *Ibid.*, no 173 f.
4. *Ibid.*, no 105.
5. *Ibid.*, no 177.
6. *Ibid.*, no 158 d, h, 179 k.
7. *Ibid.*, no 164.
8. Sur l'histoire sommaire de cette période, Roussel, *Délos*, 1925,
p. 8 sq.
9. E, XVIII, no 14 b ; Picard, REG, 1938, LI, 82 (2e moitié du ve s.).
10. E, XVIII, no 142.
11. DCA, p. 31, 282 ; id., *Délos*, 1925, p. 11 ; BCH, VIII, p. 92 sq.,
98. Soit surtout après la réduction de l'Asie en province romaine, en 133.
12. Durrbach, *Choix*, I, p. 114, 226 ; Bulard, *La religion domestique*,
p. 168 ; E, VIII, 1, p. 71 ; Roussel, *Délos*, 1925, p. 17.
13. Beloch, *op. l.*, p. 182 ; BCH, 36, 1912, p. 119-20 ; 55, 1932,
p. 438 sq.
14. Roussel, La population de Délos à la fin du iie siècle avant J.-C.,
BCH, 55, 1932, p. 438 sq. Cependant, aux jours de fêtes, l'afflux des
visiteurs devait être énorme ; comme la navigation commerciale, elles
amenaient à Délos une population flottante difficile à évaluer.

maisons et boutiques se pressent et s'enchevêtrent [1], et la
plus-value au IIIe siècle sur les immeubles et les terrains à
bâtir témoigne de cet essor [2]. D'anciens temples sont trans-
formés, agrandis, et on en élève de nouveaux. La ville, éta-
blie près du port, dans les alentours du sanctuaire [3], et de
faible extension jusqu'à 166 environ [4], étend maintenant ses
quartiers, avec ses habitations privées, ses boutiques, ses
magasins et ses entrepôts [5].

Il ne subsiste de la ville antérieure que des restes incer-
tains [6]. Peut-être la maison dite de Kerdon, à l'E. du téménos, remonte-t-elle dans son état primitif au IIIe siècle ;
les mêmes ouvriers qui édifièrent le Portique d'Antigone en

1. CRAI, 1905, p. 783 ; DCA, p. 159.
2. DCA, p. 159. Il y a en effet un rapport entre les prix des loyers
et les circonstances économiques et politiques de l'île, « la diminution
et l'augmentation seraient en relation directe d'une demande plus ou
moins nombreuse, dans une période plus ou moins prospère ». Moli-
nier, Les maisons sacrées de Délos, p. 77.
3. CRAI, 1909, p. 403 ; 1907, p. 358 ; 1910, p. 312.
4. Roussel, Délos, 1925, p. 38.
5. Distribution des quartiers d'habitation : DCA, p. 307 ; E, VIII,
1, p. 9, 2°, Les fouilles d'habitation hors du quartier du Théâtre.

Les régions habitées sont les suivantes :

a) le quartier du Théâtre, E, VIII ; cf. p. 69, Esquisse d'une histoire du développement du quartier ; quartier au S. du théâtre, 98 sq.
BCH, LVII, 1933, p. 98 sq.
b) quartier de l'Inopos.
c) le long du sanctuaire, dans la rue de l'Est dite du péribole, BCH,
XXXI, 1907, p. 471 sq., pl. XIV.
d) région de l'Agora du S. (Tétragone), avec la rue des Portiques.
e) région du port, quartier marchand.
f) région de l'Agora de Théophrastos et de la salle hypostyle.
g) région de l'établissement des Poseidoniastes de Bérytos.
h) région à l'E. du Lac sacré, CRAI, 1911, p. 853.
i) quartier à l'E. du stade, BCH, 40, 1916, p. 145.

L'agglomération urbaine n'occupe qu'un tiers à peine de l'île, dont
la superficie est de 359 hect. 5, BCH, 55, 1931, p. 442. — Sur la
maison délienne, Vallois, L'architecture hellénique et hellénistique à
Délos, I, 1944, 205, VI. L'architecture privée ; A. L'habitation délienne
d'après les fouilles ; 206, liste chronologique des constructions ; 209,
L'habitation délienne avant 166 ; 213 B. L'habitation délienne d'après
les inscriptions.
6. DCA, p. 309.

auraient construit le péristyle vers 250[1]. Au Cynthe, aucune
pièce d'architecture n'est attribuable à une construction plus
ancienne que le IIIᵉ siècle[2]. Si la région à l'Ouest de la rue
du Théâtre est habitée de bonne heure[3], dans son ensemble
le quartier du théâtre date de la fin du IIIᵉ ou même de la
seconde moitié du IIᵉ siècle, jusqu'au début du Iᵉʳ[4]. Il est
du reste difficile de préciser l'époque exacte de chacune de
ces demeures. En admettant que les statues de Cléopâtre et
de son mari Dioskouridès, dressées dans leur maison de l'Insula III, sont contemporaines de la construction, celle-ci serait
datée de 138-7[5]. C'est à la même époque que remontent la
maison aux masques, dans le quartier au S. du théâtre[6], les
quartiers à l'E. du Lac Sacré[7] et à l'E. du stade[8], les quartiers marchands[9].

Nous aimerions connaître les noms des habitants, du maître
de la demeure et des membres de sa famille, que l'on voit,
sur les peintures murales, offrir le sacrifice au génie domestique[10]. Parfois quelques inscriptions les donnent : Crusipus,
Heliofo(dorus)[11]. Gravé sur le bord d'une vasque, dans la
cour d'une maison, le nom Gaios (Caius) est-il celui du propriétaire ?[12]. Mais, d'une dédicace trouvée dans une maison,
on ne peut conclure au nom du maître du logis[13], car les

1. DCA, p. 309 ; CRAI, 1912, p. 112, note 3 ; E, VIII, 1, p. 114,
note 1, p. 126, fig. 55 ; BCH, XXIX, 1905, p. 40 ; pl. XI.
2. BCH, 40, 1916, p. 162 ; E, XI, p. 51.
3. E, XI, p. 51.
4. E, VIII, 1, p. 72 ; BCH, 40, 1916, p. 162
5. E, VIII, 1, p. 40-1, 71 ; texte de l'inscription, p. 218 ; BCH,
XXXII, 1908, p. 432, nº 46 ; statues, BCH, XXXI, 1907, p. 415 sq. ;
E, VIII, 1, fig. 95 ; CRAI, 1907, p. 359 ; BCH, XXXII, 1908, p. 329,
nº 205, p. 432, nº 46 ; XL, 1916, p. 206, note 1 ; Roussel-Launey.
Inscr. de Délos. 1907, nº 1987 (base des statues, avec dédicace).
6. BCH, 54, 1930, p. 514 ; 1933, p. 150.
7. CRAI, 1911, p. 853.
8. BCH, 40, 1916, p. 145 ; XIX, 1895, p. 462.
9. Voir plus loin, IV, 16-17.
10. Ex. quartier du stade, maison C, BCH, 40, 1916, p. 180, fig. 13 ;
p. 177, fig. 11, p. 188.
11. Peintures murales, Bulard, *La religion domestique*, p. 444, 10-11,
69-70.
12. E, XVIII, nº 36.
13. BCH, XXXI, 1907, p. 497.

marbres ont souvent été transférés loin de leur emplacement primitif [1], et si nous conservons le nom commode de « maison de Kerdon », le malheureux navigateur péri en mer, dont la stèle a été trouvée dans cette demeure, n'a certes rien de commun avec le propriétaire ignoré de celle-ci [2]. Cependant, nous obtenons parfois quelque précision [3]. Dioskouridès et sa femme Cléopâtre, dont les statues ornent une maison de l'Insula III, en sont bien les habitants [4] ; le banquier Philostrate d'Ascalon (vers 100 av. J.-C.) est celui de la maison au N. du sanctuaire syrien où trois Ῥωμαῖοι lui ont élevé un monument [5] ; l'habitation C du quartier à l'E. du stade est occupée par un Italien, Q. Tullius, que nous savons par ailleurs avoir vécu à Délos dans la seconde moitié du IIᵉ siècle et au début du Iᵉʳ [6] ; à en croire une dédicace, une maison dans la rue à l'E. du péribole serait celle de Spurius Stertinius [7], personnage de la fin du IIᵉ siècle, connu par diverses inscriptions [8].

La plupart des objets mobiliers trouvés à Délos, dans les sanctuaires, et surtout dans les demeures, les boutiques et les magasins, datent de cette période prospère, et doivent être placés dans la seconde moitié du IIᵉ et au début du Iᵉʳ siècle av. J.-C.

6. — *Délos de 88 au milieu du 1ᵉʳ siècle av. J.-C.* [9]. — Cette prospérité est à son apogée, disent Strabon et Pausanias, quand survient la catastrophe qui l'arrête brusquement.

1. E, VIII, 1, p. 218.

2. E, VIII, 1, p. 12 ; BCH, XXXI, 1907, p. 471, nᵒ 3 ; 1905, p. 40.

3. DCA, p. 312 ; E, VIII, 1, p. 72.

4. Voir plus haut, p. 17.

5. BCH, VII, p. 486, 490, pl. XX ; VIII, 1884, p. 488 ; DCA, p. 312, nᵒ 3 ; E, VIII, 1, p. 10-11 ; Roussel-Launey, *Inscr. de Délos*, 1937, nᵒ 1717, 1724. Voir plus loin, nᵒ 13.

6. BCH, 40, 1916, p. 162, 206-7 ; Bulard, *La religion domestique*, p. 445.

7. BCH, XXXI, 1907, p. 496 ; E, VIII, 1, p. 12.

8. BCH, XXXI, 1907, p. 459 ; XXXVI, 1912, p. 81, 109 ; il consacre un relief aux Nymphes de la Fontaine Minoé, CRAI, 1909, p. 414 ; BCH, XXXVI, 1912, p. 210, nᵒ 26 ; E, V, p. 115 ; et un autre à Artémis Sôteira, BCH, XLIX, 1923, p. 468.

9. DCA, p. 328, Délos de 88 au milieu du Iᵉʳ siècle ; Hatzfeld, *Les trafiquants italiens*, p. 82 sq.

L'île est mise à sac en 88 par les soldats pontiques de Mithridate [1], qui ravagent demeures et édifices publics, massacrent 20.000 (?) habitants [2]. A peine remise de cette attaque, elle est de nouveau ruinée par les pirates en 69 [3]. Les dégâts sont partout visibles sur la fouille [4], et nous avons l'écho de ces catastrophes dans une inscription métrique en l'honneur de Sylla, qui protégea sans doute les orphelins déliens : « Souhaitez de mourir à l'abri des rigueurs du destin ennemi, jouissant de la tendresse des enfants, espoir de la vieillesse, ou de ne pas laisser d'orphelins sans appui, ou de trouver à votre mort un proconsul comme Sylla » [5].

La décadence, commencée après 88, se précipite [6]. La ville, qui a perdu dans ces massacres une partie de sa population, qui a été délaissée par une autre, resserre ses limites, devenues trop vastes, à l'abri du rempart construit en 67 par Triarius, légat de Lucullus [7], abandonne les quartiers exté-

1. DCA, p. 315, Les catastrophes de 88 et de 69 et la décadence de Délos ; Roussel, *Délos*, 1925, p. 40 ; Hatzfeld, *op. l.*, p. 82 ; E, V, p. 44 ; BCH, 44, 1920, p. 304-5 (référ.) ; VIII, p. 151 ; Durrbach, *Choix*, I, p. 236 ; Lebègue, *Recherches*, p. 317-8.

2. Textes, BCH, 46, 1922, p. 205.

3. BCH, VIII, p. 148 ; XLIV, 1920, p. 304-5 ; DCA, p. 326, 331 ; Lebègue, *Recherches*, p. 319. Sur la différence entre le sac de 88 et la destruction plus considérable de 69, DCA, p. 326-7, 331 sq.

4. Voir plus loin, XI, 76.

5. BCH, XVI, 1892, p. 158 ; XVII, 1893, p. 202 ; Durrbach, *Choix*, I, p. 239, n° 149 ; Sylla à Délos, BCH, XIII, 1887, p. 412 ; Roussel-Launey, *Inscr. de Délos*, 1937, n° 1853. — Inscriptions mentionnant Sylla, Roussel-Launey, *op. l.*, n° 1850-3. Il serait venu à Délos, à son retour d'Orient, après la paix de Dardanos.

6. BCH, XXXVI, 1912, p. 120 sq.

7. Sur le rempart de Triarius, BCH, XI, 1887, p. 266-7 ; XXXI, 1907, p. 503 ; XXXVI, 1912, p. 128, note 5 ; XL, 1916, p. 69 ; XLIV, 1920, p. 304-5 ; XLIX, 1925, p. 466 ; CRAI, 1910, p. 652 ; 1911, p. 845, 872 ; DCA, p. 331-2 ; *Mélanges Holleaux*, p. 12, 11, Le mur de Triarius ; Durrbach, *Choix*, I, p. 250 ; Roussel-Launey, *Inscr. de Délos*, 1937, n° 1855.

Sur le tracé de ce mur, CRAI, 1911, p. 857, fig. 4, M ; 872 ; 1918, p. 368.

Inscriptions concernant Triarius, BCH, XI, 1887, p. 265, n° 27 ; XXXIII, 1909, p. 521, n° 54 ; XXXII, p. 418, n° 10 bis ; XLIX, 1925, p. 466-8 ; *Mélanges Holleaux*, p. 15 ; DCA, p. 331, note 7 ; Durrbach, *Choix*, I, p. 248, n° 159-160, 249.

Monnaie de bronze, frappée à Délos, avec la légende TPIA, sans doute Triarius. DCA, p. 334, n° 2, p. 48, note 1.

Les objets mobiliers, nombreux pendant l'époque de prospérité gréco-romaine, se raréfient depuis le début du 1er siècle
de notre ère jusqu'à la fin de l'antiquité païenne. Nous notons
surtout des lampes en terre cuite, et quelques petits objets
dont il est difficile de préciser la date exacte (fibules [1], etc.).

8. — *Délos chrétienne et byzantine.* — Après des siècles
de souveraineté, Apollon doit céder la place au dieu nouveau
des Chrétiens [2], et 6 basiliques, dont l'une était peut être
consacrée à Saint Jean [3], une autre à Saint Cyrique [4], s'élèvent en divers points du sanctuaire, sur les ruines des édifices païens [5]. Elles desservent la communauté chrétienne, et

1. E, XVIII, no 152.
2. Délos chrétienne, Leclerq et Cabrol, *Dict. d'arch. chrétienne et
de liturgie,* s. v. Délos, p. 568 ; Orlandos, Délos chrétienne, BCH,
LX, 1936, p. 68 sq. Une communauté chrétienne apparaît à Délos, peut-
être dès la fin du IIIe siècle ou au début du IVe. La ville, plus resserrée que l'antique, s'étendait des Poseidoniastes aux magasins du port,
et avait son centre dans l'ancien sanctuaire d'Apollon. Des restes attestent que la population était encore assez nombreuse au ve siècle. Inscriptions chrétiennes et byzantines, Roussel-Launey, *Inscr. de Délos,*
1937, no 2582 sq.
3. D'après un moule à eulogies, BCH, XXIX, 1905, p. 256 ; E,
XVIII, no 115.
4. Au S. de l'Agora Tétragone, près de la place du monument de
Tritopator, BCH, LX, 1936, p. 71, ve s. ; on y lit l'inscription suivante,
gravée sur une dalle du pavé : Ἰωάννης διάκον δοῦλος τοῦ ἁγίου μάρ
τυρος Κυρίκου ἔγραψε ; BCH, LX, 1936, p. 82 ; Roussel-Launey, *Inscr.
de Délos,* 1937, no 2584.
Sur une dalle brisée, au même endroit, un losange gravé contient les
deux mots φῶς, ξωή, disposés en croix, BCH, LX, 1936, p. 82, fig. 13 ;
Roussel-Launey, *Inscr. de Délos,* 1937, no 2584 bis. Cette formule aux
lettres en croix, disposition qui a sans doute une valeur protectrice,
est fréquente. Ex. sur un linteau de porte d'une église chrétienne, à
Il-Anderin, Syrie, *Princeton University Arch. Expedition to Syria, III,
Greek and Latin Inscriptions, Sect. B, Northern Syria,* Prentice, 1922,
p. 44, no 912 ; croix gravée sur une pierre de Bithynie, JOAI, 1933,
XXVIII, *Beiblatt,* p. 88, fig. 34.
5. Archives des missions scientifiques, XIII, 1887, p. 393, no 1 ;
DCA, p. 340 ; Durrbach, *Choix,* I, p. 271.
Emplacement du faux Porinos Oikos (Thesmophorion, angle Nord-
Ouest du téménos) et près de l'Artémision, *Archives des missions,* 1887,
p. 393 ; BCH, V, p. 277 ; XXIX, 1905, p. 256, no 5 ; XLVIII, 1924,
p. 418 ; LX, 1936, p. 86.
Salle hypostyle, E, II, p. 55 sq., pl. II.
Dans l'Ekklesiasterion, une salle aurait servi au culte chrétien, peut-

sont entourées par ses habitations, dont on a exhumé quelques murs[1] et quelques documents mobiliers. Un évêque de
Délos, Sabinus, figure au Concile de Chalcédoine en 451[2].

Parmi les objets mobiliers, appartiennent à cette époque :
des lampes, des encensoirs en bronze[3], des croix en bronze[4]
et en verre, des colonnes torses[5], des tables d'offrandes à
écuelles[6], un fragment de table[7], une table d'autel à lobes[8],
des fragments de cuve baptismale[9], des moules à pains
sacrés[10], un vase en bronze[11], une rondelle de plomb avec le
monogramme chrétien[12], un poids byzantin en bronze[13], des

être comme annexe des chapelles voisines, comme église ou baptistère,
BCH, LIII, 1929, p. 282, 312.
  Dans le Portique de Philippe, CRAI, 1904, p. 736 ; BCH, XXIX,
1905, p. 256, 223, 221 ; E, VII, 1, Le portique de Philippe, p. 166,
fig. 231, p. 3, fig. 3, XV ; BCH, LX, 1936, p. 95 sq.
  Au S. de l'Agora Tétragone, CRAI, 1910, p. 312 ; E, VII, 1, p. 13 ;
p. 3, fig. 3, no XIV ; VIII, p. 72. — Orlandos, BCH, LX, 1936,
p. 68 sq., énumère les églises chrétiennes : 1) basilique de St-Cyrî-
que, p. 71 sq. ; 2) basilique au S. de l'Ile, dans le voisinage de l'Asklepieion (Fourni), une des plus anciennes, du début du IVe s., p. 84 sq.;
3) église près du Porinos Oikos, sur le Thesmophorion, p. 86 sq. ;
4) basilique du Portique de Philippe, p. 95 sq. ; 5) église derrière les
magasins du port, au S. de l'Agora des Compétaliastes, avec de nombreuses constructions byzantines, p. 98 ; 6) au N. du hiéron, sur l'emplacement des Poseidoniastes, p. 99.
  1. Habitations privées, ou peut-être monastère, de la salle hypostyle
et des environs, E, II, p. 55 sq., pl. II ; BCH, XXIX, 1905, p. 472 ;
CRAI, 1909, p. 403 ; BCH, LX, 1936, p. 92 sq.
  Agora des Compétaliastes, BCH, XXIX, 1905, p. 7, 255-7.
  Insula III du quartier du Théâtre, E, VIII, 1, p. 20.
  Fragments divers au Sud-Ouest de l'Etablissement des Poseidoniastes,
E, VI, p. 131. — Maison à l'Ouest des Poseidoniastes, remaniée à
l'époque byzantine, CRAI, 1904, p. 735.
  Cf. encore Durrbach, Choix, I, p. 271.
  2. Durrbach, Choix, I, p. 271 ; BCH, LX, 1936, p. 69.
  3. E, XVIII, no 197.
  4. Ibid., no 198.
  5. Ibid., no 22.
  6. Ibid., no 25.
  7. Ibid., no 8.
  8. Ibid., no 26.
  9. Ibid., no 32.
  10. Ibid., no 115.
  11. Ibid., no 199.
  12. Ibid., no 199.
  13. Ibid., no 68 d.

épingles en os et des fragments divers en cette même
matière [1], un cadran solaire [2], une fibule [3], des chaînettes [4].

9. — *Délos médiévale*. — La ville médiévale, ayant son
centre dans l'ancien sanctuaire, s'étend encore du monument des Poseidoniastes aux magasins [5]. Elle est parfois visi-
tée, comme jadis, par des navigateurs orientaux, qui y gra-
vent le souvenir de leur passage [6]. Les Hospitaliers de Saint-
Jean s'y établissent en 1333, selon Jean Cantacuzène [7], mais
c'est une erreur de vouloir retrouver leur forteresse sur le
Cynthe [8].

La solitude de l'île ne date que de la deuxième moitié du
XIVe siècle [9], et Délos n'est plus dès lors habitée temporaire-
ment que par quelques bergers et paysans de Myconos.

1. E, XVIII, no 120, 146.
2. *Ibid.*, po 86 d.
3. *Ibid.*, no 152.
4. *Ibid.*, no 198, 199.
5. BCH, XXIX, 1905, p. 256. — Délos au moyen-âge, Lebègue,
Recherches ; BCH, XXIX, 1905, p. 7, 255-7 ; E, I, p. 55 ; DCA,
p. 340, note 4.
6. Graffite arabe, en caractères coufiques, au Portique de Philippe,
E, VII, 1, Le Portique de Philippe, p. 166-7, fig. 232, p. 169, vers
le xe siècle ; inscription coufique au sommet du Cynthe, E, XI, p. 143-4.
fig. 98.
7. BCH, XXIX, 1905, p. 7, 255, note 4.
8. BCH, XXVI, 1902, p. 484 ; E, XI, p. 80.
9. BCH, XXIX, 1905, p. 7.

II. — Délos, port de commerce.

10. — *Extension du commerce délien.* — A Délos, comme
ailleurs, la religion détermine le commerce et le favorise.
Il procure aux fidèles accourus de toutes parts les ex-voto
qu'ils offrent à Apollon et aux autres divinités, tout particulièrement lors des fêtes consacrées. La plus célèbre de celles-ci, en l'honneur du maitre de l'île, remonte à l'époque
homérique déjà, et réunit « les hommes et les femmes à la
belle chevelure, les vaisseaux rapides et les richesses qu'ils
étalaient ». En effet, en une foire protégée par le dieu, les
marchandises sont débarquées sur le rivage[1]. Mais il faut
aussi procurer aux habitants du sanctuaire et de la ville grou-
pée autour de lui les produits industriels nécessaires à leur
existence[2].

Grote suppose que, dès le ve siècle, le commerce délien a
pris une extension suffisante pour inquiéter Athènes, et que
la purification de 426 a pour but, avant tout, d'entraver
l'essor d'une rivale[3]. Cela paraît douteux. Si dès le milieu
du iiie siècle le commerce délien s'accroît[4] et plus encore
à la fin de ce siècle[5], cependant sa grande extension est due
surtout aux Italiens et à leur établissement dans l'île[6].

1. Hymne homérique. Cf. Glotz, *Le travail dans la Grèce ancienne*,
p. 138 ; Francotte, *L'industrie dans la Grèce ancienne*, I, p. 304 ;
DA, s. v. Delia, p. 55.
2. Sur le commerce de Délos, Homolle, BCH, VIII, 1884, p. 75 sq.,
97 ; Hatzfeld, *Les trafiquants italiens*, p. 31 sq. ; Glotz, *Le travail*,
p. 404 ; Lebègue, *Recherches*, p. 312 ; Blümner, *Die gewerbliche Tätigkeit*, p. 91 ; BCH, 1905, p. 26 ; Rostovzeff, in *Cambridge ancient
History*, VIII, 1930, p. 619, Rhodos, Delos and hellenistic commerce ;
A. Henin, Port de Délos. L'administration du port pendant la période
d'indépendance de l'île (316-166) av. J.-C., thèse de licence, Université
de Louvain ; cf. Rev. belge de phil., 1940, 278.
3. Hatzfeld, *op. l.*, p. 34.
4. BCH, III, 1879, p. 17.
5. BCH, 29, 1905, p. 39.
6. *Ibid.*, p. 38.

Plusieurs auteurs ont énuméré [1] les conditions qui l'ont
développé au point de faire de Délos, pour quelque temps,
selon les termes de Pausanias, « l'entrepôt commun de la
Grèce », κοινὸν Ἑλλήνων ἐμπόριον [2]. Ce sont des causes phy-
siques [3]. Par sa situation géographique, au centre des Cyclades,
Délos est au carrefour des routes entre la Grèce et l'Asie,
l'Egypte, entre l'Italie et l'Orient. Exposée aux vents [4], Délos
offre toutefois sur les îles voisines l'avantage de fournir aux
navires un meilleur mouillage, un abri. Elle est un poste
d'observation, d'où ils peuvent prévenir les embûches des
pirates. Elle leur procure l'aiguade nécessaire. Ce sont aussi
des causes sociales, l'avantage de la neutralité sacrée de l'île,
et l'attrait des fêtes religieuses et de leurs foires. Ces raisons
eussent toutefois été insuffisantes, si des faits historiques
n'avaient apporté leur concours, à partir de l'an 166 av. J.-C.,
quand Délos devient colonie d'Athènes [5]. C'est, à cette date,
sa transformation par les Romains en port franc [6] ; c'est la
ruine de Carthage, qui détourne les routes du commerce
syrien ; c'est la destruction de Corinthe (146), l'affaiblisse-
ment du commerce rhodien [7], la création de la province d'Asie
(133) et le mouvement d'affaire qu'elle détermine entre l'Italie
et l'Orient. A ces circonstances, entre la seconde moitié du
IIe siècle et le début du Ier [8], Délos doit sa grande prospérité
économique, assurée par les armateurs [9], ναύκληροι, les entrepositaires, ἐγδοχεῖς, les marchands, ἔμποροι, si souvent men-

1. BCH, VIII, 1884, p. 79 sq. ; Lebègue, *Recherches*, p. 314 ;
Hatzfeld, *Les trafiquants*, p. 31 sq. ; Paris, BCH, 40, 1916, p. 6 sq. ;
Durrbach, *Choix*, I, p. 113, 163.
2. Pausanias, VIII, 33, 2 ; Durrbach, *Choix*, I, p. 163.
3. Paris, *op. l.*, p. 6 sq.
4. Hatzfeld, *Les trafiquants*, p. 33.
5. DCA, p. 13.
6. Hatzfeld, *Les trafiquants*, p. 33, 374 ; Holleaux, *Rome, La Grèce
et les monarchies hellénistiques*, p. 88, note 4 ; Durrbach, *Choix*, I,
p. 279.
7. Sur le commerce de Rhodes, entre autres travaux, Ziebarth, *Zur
Handelsgeschichte der Insel Rhodos*, Mélanges Glotz, II, p. 909 ; Rostovzeff, *Cambridge ancient History*, VIII, 1930, p. 619, Rhodos, Delos
and hellenistic Commerce.
8. BCH, 29, 1905, p. 39 ; Glotz, *Le travail*, p. 404; etc. — Voir
plus haut, no 5.
9. Sur ce terme, BCH, XXXVI, p. 105; Hatzfeld, *Les trafiquants*, p. 19.

tionnés dans les inscriptions [1], par ceux qui sont établis à Délos, κατοικοῦντες, et ceux qui n'y sont que de passage, καταπλέοντες, ou παρεπιδήμοντες.

11. — *Cosmopolitisme de Délos.* — En même temps que le commerce se développe et que la ville s'étend, la population devient cosmopolite, comme dans tous les grands ports, anciens ou modernes. Délos attire les étrangers dès le IIIe siècle ou le début du IIe[2], et ils se multiplient rapidement après la création du port franc en 166[3].

On y voit, à côté des Athéniens qui sont depuis 166 de nouveau les maîtres de l'île[4], des Grecs d'autres origines[5], des Egyptiens, surtout des Alexandrins[6], des gens du Pont[7],

---

1. Ὁι ἔμποροι καὶ ναύκληροι BCH, XI, 1887, p. 263 ; οἱ κατοικοῦντες ἐν Δήλωι καὶ οἱ ναύκληροι. — Ἀθηναίων καὶ Ῥωμαίων καὶ τῶν ἄλλων Ἑλλήνων καὶ οἱ ἔμποροι καὶ ναύκληροι οἱ καταπλεόντες εἰς τὸ ἐμπόριον. Sur cette formule et ses variantes, BCH, XXXI, 1907, p. 453, 457 ; XXXIV, 1910, p. 542, no 7 ; XXVI, 1902, p. 539, no 9 ; XXXVI, 1912, p. 104. — Aussi « Italicei et Graecei quei Delei negociantur », BCH, XXXI, 1907, p. 458 ; XXXIV, 1910, p. 442, no 8.

Les ἐγδοχεῖς sont les entrepositaires des marchandises de transit, intermédiaires entre les armateurs qui les transportent, et les marchands qui les achètent, Durrbach, *Choix*, I, p. 177. Ce mot paraît dans plusieurs inscriptions, BCH, VII, 1883, p. 468, 471, no 5, 469 ; XLIV, 1920, p. 272, note 5.

Un décret du milieu du IIIe siècle, en l'honneur d'Eutychès de Chios, qui fait à Délos le commerce maritime ou la banque, peut-être les deux, est le plus ancien témoignage de l'activité des armateurs et négociants de Délos. Durrbach, *Choix*, I, p. 52, no 43. — Dédicaces des navigateurs, marchands, négociants, après 166 av. J.-C., Roussel-Launey, *Inscr. de Délos*, 1937, nos 1702 sq. — Finkelstein, Ἔμπορος, ναύκληρος, and κάπηλος, a prolegomena to the study of athenian trade, Classical philology, Chicago, 1935, 320 (sens de ces mots).

2. Sur leur rôle dans le commerce et l'industrie de l'île, de 364 à 166, Lacroix, Les étrangers à Délos pendant la période de l'indépendance, *Mélanges Glotz*, II, p. 501.

3. DCA, p. 11, 84, 85.

4. DCA, p. 33 ; Roussel, Les Athéniens mentionnés dans les inscriptions de Délos. Epoque de la seconde domination athénienne, BCH, XXXII, 1908, p. 303.

5. DCA, p. 85, no 2, Les Ξένοι ou Ἕλληνες.

6. DCA, p. 93 ; BCH, II, 1878, p. 328 ; VI, 1887, p. 251 ; XLIV, 1920, p. 267, note 2 ; Hatzfeld, Les trafiquants italiens, p. 35 ; Durrbach, *Choix*, I, p. 177. La monnaie alexandrine avait cours à Délos, BCH, II, 1878, p. 329. Offrandes d'Alexandrins, *ibid.*, VI, 1882, p. 165.

7. Groupe de négociants d'Amisos, colonie athénienne du Pont, Durrbach, *Choix*, I, p. 170.

D'autres Orientaux [1], les marchands minéens, forment
peut-être aussi une association, dont nous ne connaissons
pas le siège et le culte [2]. L'association gréco-égyptienne, sans
doute alexandrine, qui fait graver un décret, possède un local
que l'on n'a pas non plus identifié [3].

Voici maintenant les collèges de marchands italiens [4]. Les
Apolloniastes [5], dont l'emplacement n'est pas connu, dédient
en 125 une statue à Apollon. Les *Hermaïstes* [6], dont la plus
ancienne inscription, bilingue, date de 150-140 [7], élèvent entre
150-125 un naiskos sur l'Agora des Compétaliastes [8]. Les
Poseidoniastes latins [9], qu'il ne faut pas confondre avec ceux
de Bérytos, font une dédicace à Neptune. Ces trois collèges
italiens offrent en commun des dédicaces à Hercule, à Apollon, aux Italiens [10]. On a songé à reconnaître des marchands

Picard, L'établissement des Poseidoniastes de Bérytos (date, p. 131-2);
Durrbach, *Choix*, I, p. 197 ; DCA, p. 305, 329, note 7.
   1. Peut-être une association sous le patronage d'Hagné Aphrodité.
Roussel-Launey, *Inscr. de Délos*, no 1800.
   2. Durrbach, *Choix*, I, p. 207, no 129. —
   3. CE, p. 204, no 216 ; DCA, p. 92 ; BCH, XLIV, 1920, p. 267,
note 2. Rapports des marchands alexandrins avec Délos, Hatzfeld, *Les
trafiquants italiens*, p. 51 ; REA, 1920, p. 139 ; Roussel-Launey, *Inscr.
de Délos*, no 1526, 1528, 1699.
   4. BCH, XXXVI, 1912, p. 153.
   5. BCH, VII, 1883, p. 467 ; VIII, 1884, p. 110-111 ; XXXI, 1907,
p. 442, no 33 ; XXXVI, 1912, p. 103, 156 ; DCA, p. 273 ; Hatzfeld,
Les trafiquants italiens, p. 266 ; Durrbach, *Choix*, I, p. 167, no 97 ;
Roussel-Launey, *Inscr. de Délos*, 1937, no 1730, 1753 sq. (dédicaces
communes des Apolloniastes, Hermaïstes, Poseidoniastes latins).
   6. BCH, VIII, 1884, p. 95, 113, 116 ; XXIII, 1899, p. 56 ; XXXI,
1907, p. 439, no 30 ; XXVI, p. 536, no 8 ; XXXVI, 1912, p. 103, 154 ;
DCA, p. 272 ; Hatzfeld, *Les trafiquants italiens*, p. 266, 272, note 1,
349 ; Durrbach, *Choix*, I, p. 255, no 164, 165, no 86 ; p. 144, no 86 ;
Roussel-Launey, *Inscr. de Délos*, no 1731 sq. ; 1737. Le collège subsiste
après la catastrophe de 88 et de 69.
   7. Durrbach, *Choix*, I, p. 144, no 86.
   8. E, VII, Le portique de Philippe, p. 3, fig. 3, no XII, p. 112 sq.,
Le Naiskos ionique ; DCA, p. 79, note 4, 81.
   9. BCH, XXXIII, 1909, p. 502-3 ; XXXVI, 1912, p. 156 ; Hatzfeld,
Les trafiquants italiens, p. 266, 347 ; Durrbach, *Choix*, I, p. 168,
no 98, 199 ; Roussel-Launey, *Inscr. de Délos*, no 1751 sq.
   10. à Hercule, Durrbach, *Choix*, I, p. 231, no 144, p. 192, no 116 ;
BCH, 1909, p. 493, no 15 ; E, V, II, p. 47, note 3, fig. 67 ; à Apollon, Durrbach, *Choix*, I, p. 246, no 157.

dans les Hermaïstes qui adressent un culte à Hermès, dieu du gain, et des armateurs dans les Poseidoniastes qui vénèrent le dieu de la mer, mais on ne saurait accepter cette précision [1]. A la vérité, nous ne savons même pas si ces associations ont un caractère professionnel [2]. Ces *Italiens* élèvent au plus tôt vers l'an 110 au Sud du Lac Sacré un vaste édifice, lieu de réunion de leur colonie [3], qui n'est pas encore achevé lors du sac de 88 [4]. Voici encore les *Pompéiastes* [5].

1. DCA, p. 79, note 1 ; BCH, XXXVI, 1912, p. 180, note 3 ; Hatzfeld, *Les trafiquants italiens*, p. 273.

2. Hatzfeld, *l. c.*

3. Sur l'Agora des Italiens, BCH, V, 1881, p. 390 ; VIII, 1884, p. 113 ; XXXI, 1907, p. 464 ; XXXVI, 1912, p. 110-111, 117; Hatzfeld, Les dédicaces des portiques de l'Agora des Italiens à Délos, BCH, XLV, 1921, p. 471 sq.; 329, note 7 ; id., *Les trafiquants*, p. 31, 277, 279 ; DCA, p. 78, note 3, 79-80 ,303 ; Durrbach, *Choix*, I, p. 212, Lapalus, E, XIX, L'Agora des Italiens, 1939. — Carte, avec région avoisinante, BCH, 53, 1929, pl. VI.

4. L'agora des Italiens, commencée vers 110, est encore inachevée lors du sac de Mithridate en 88 ; elle est réparée de ses dégâts, mais ne fut jamais terminée ; elle semble avoir été abandonnée vers 57-55. Lapalus, 97 sq., date de la construction ; 100, Histoire de l'édifice.

5. Inscriptions diverses concernant des associations déliennes, Roussel-Launey, *Inscr. de Délos*, no 1797 sq. — Association des *Pompéiastes*, sans doute fondée en reconnaissance envers Pompée qui purgea l'Asie des pirates ciliciens, en 67. *Ibid.*, no 1641, 1797.

qu'ils louent à la caisse publique [1], et ils consacrent vers 150
un petit monument sur l'Agora des Compétaliastes [2].

Ils constituent parfois de véritables dynasties d'hommes
d'affaires, et nous connaissons les noms de plusieurs d'entre
eux. Parmi les Ascalonites établis à Délos [3], Philostrate,
devenu citoyen de Naples, est vers l'an 100 un personnage
de marque ; nous le connaissons par plusieurs inscriptions
et dédicaces [4], et nous pouvons situer la maison qu'il habi-
tait [5]. C'est au commencement du IIᵉ siècle, Hérakleidès de
Tarente [6]. Timon de Syracuse, fixé à Délos vers 200, cède
vers 190 sa maison à son fils Nymphodoros, qui s'associe
à Hérakleidès, et cette firme demeure prospère jusqu'à la
fin de l'indépendance [7]. Voici la banque de Hellen et de
son associé Mantineus [8] ; celles de Philophon et de Pactyas,
mentionnés en 175 [9] ; de Théon, de Philistos et d'Héphais-
tion, cités en 192 [10] ; de Philon et de Silénos [11]. Au début du
Iᵉʳ siècle, L. Aufidius a son fils L. Aufidius Bassus fixé à
Ténos [12]. Ce sont, dans la seconde moitié du IIᵉ siècle et au

1. *Ibid.*, p. 88.
2. BCH, XXXVI, 1912, p. 104.
3. CRAI, 1909, p. 308 ; Durrbach, *Choix*, I, p. 97.
4. BCH, VIII, 1884, p. 129 ; 489 ; XXXVI, 1912, p. 67, 113, 142,
210, n° 25 bis ; XL, 1916, p. 206, note 1 ; CRAI, 1909, p. 310 ; Hatzfeld, *Les trafiquants italiens*, p. 187, note 4 ; DCA, p. 83, 267, 268,
note 3 ; E, XI, p. 134, fig. 94, 287, 288 ; Durrbach, *Choix*, I,
p. 212, n° 132.
5. Voir plus haut, n° 5.
6. BCH, XVI, p. 153, n° 5 ; II, p. 570 ; VI, p. 71 ; XXXII, 1908,
p. 408 ; XXXIV, 1910, p. 383 ; XXXVI, 1912, p. 42 ; DCA, p. 98,
12, n° 7, 388 ; Durrbach, *Choix*, I, p. 88. Base de sa statue, aile S.
du Portique de Philippe, E, VII, 1, Le Portique de Philippe, p. 126,
fig. 185, 186 (en 161-160).
7. DCA, p. 388 ; BCH, XXXVI, 1912, p. 85, 141-2 ; Durrbach,
Choix, I, p. 86, n° 66 ; p. 91, n° 408 ; p. 66, n° 399 ; p. 174,
n° 442 ; *Mélanges Glotz*, II, p. 516-7.
8. Vers 190. BCH, XXIV, p. 383 ; Durrbach, *Choix*, I, p. 87, 81,
n° 405, 66, n° 399, 174, n° 442, 213 ; *Mélanges Glotz*, II, p. 517.
Mantineus est sans doute originaire de Ténos.
9. Durrbach, *Choix*, I, p. 205, n° 448 ; *Mélanges Glotz*, II, p. 517.
Pactyas est peut-être originaire de Kythnos.
10. Durrbach, *Choix*, I, p. 66, n° 399 ; *Mélanges Glotz*, II, p. 517.
Théon est peut-être originaire de Byzance.
11. *Mélanges Glotz*, II, p. 518. Silénos, mentionné entre 179 et 170,
est sans doute un délien.
12. BCH, XXXIIII, 1909, p. 498 ; XXXVI, 1912, p. 19, 143.

1er siècle, le banquier Maraios Gerillanus, avec ses fils Maraios et Aulus : originaire de Campanie, il exerce une grande influence à Délos, où il est établi, τραπεζεύοντα ἐν Δήλωι, et où il reçoit plusieurs statues [1] ; le banquier M. Minatius, fils de Sextus [2].

14. — *Principaux objets du commerce délien.* — Les Oenotropes, Elaïs, Spermo, Oeno, trois filles du héros délien Anios, avaient reçu de Dionysos le don de créer, l'une du blé, la deuxième de l'huile, la troisième du vin [3]. Légende prophétique, puisque ce sont là précisément trois matières importantes du commerce délien.

Les inscriptions déliennes des IIIe et IIe siècles attestent le rôle des armateurs et des négociants rhodiens et byzantins comme convoyeurs et marchands de blé [4], et l'importance de Délos comme l'un des plus grands marchés de céréales de la Méditerranée [5]. Elle le doit sans doute aux efforts des rois de Macédoine [6], qui peuvent y approvisionner leurs provinces en céréales, et qui fournissent en contre-partie les produits de leurs forêts. Des σιτῶναι — dont la première mention date de la fin du IIIe siècle, sans doute de 209, et qui sont nommés au nombre de trois pour l'année, mais pas régulièrement — veillent à l'approvisionnement de l'île, et les textes portent souvent la mention des dépenses faites εἰς σιτωνίαν [7]. D'autre part, on perçoit une dîme sur le blé vendu à Délos [8].

1. BCH, VIII, p. 175 ; XI, 1887, p. 269, no 33 ; XXX, 1907, p. 456, no 54, 457, no 55, 464 ; XXXIII, 1909, p. 501 ; XXXIV, 1910, p. 111, 541, no 6 ; XXXVI, 1912, p. 37 ; 122, 143 ; LVI, 1932, p. 524, note 3 ; Durrbach, *Choix*, I, p. 168, no 98, 225, no 138 ; CIL, III, 7244 ; Roussel-Launey, *Inscr. de Délos*, nos 1725-7.
2. Picard, RA, 1936, II, p. 193.
3. Lebègue, *Recherches*, p. 227.
4. Durrbach, *Choix*, I, p. 67, n. 92.
5. *Ibid.*, p. 97 ; BCH, VIII, p. 79 ; X, 1886, p. 107 ; Hatzfeld, *Les trafiquants italiens*, p. 34 ; *Archives des missions scientifiques*, XIII, 1887, p. 422 ; Jardé, *Les céréales dans l'antiquité*, 1923.
6. Durrbach, *Choix*, I, p. 60, référ. ; DCA, p. 10-11 ; E, VII, 1, *Le Portique de Philippe*, p. 166, note 2.
7. Durrbach, *Choix*, I, p. 148, no 362, A, l. 11, p. 231.
8. BCH, XIV, 1890, p. 443.

Les inscriptions donnent de nombreux exemples de ce trafic des céréales. Dans la première moitié du IIIe siècle, les Déliens décernent la proxénie au byzantin Dionysios, qui leur a vendu du blé à un prix fort avantageux, et ce texte est un des plus anciens qui nous renseignent sur l'importance prise à Délos par la question du blé [1]. Au IIIe siècle encore, un décret est rendu par une ville étrangère en faveur du banquier délien Mnésalcos. Cette ville ne pouvait payer ses créanciers de Délos, et ceux-ci avaient fait saisir les convois de blé qui lui étaient destinés. L'intervention de Mnésalcos, désintéressant les créanciers, et consentant à un prêt, la sauva de la disette [2]. La ville d'Histiée envoie souvent ses sitones à Délos pour y négocier du blé [3]; dans la seconde moitié du IIIe siècle, la tâche leur est facilitée par le rhodien Athénodoros, vraisemblablement marchand de blé et banquier à Délos, qui est récompensé par un décret honorifique [4]. En 179, le roi Massinissa fait don aux Déliens de près de 2.800 médimnes de blé, qui sont vendus à un prix très bas [5].

La poix est une denrée nécessaire aux Déliens, qui en font grand usage, les comptes en témoignent, pour encaustiquer les boiseries de leurs sanctuaires, les portes, les toitures, les fenêtres, les statues, les autels, et tout particulièrement l'autel des Cornes [6]. Elle provient de Macédoine, et suivant le caractère amical ou hostile des relations de Délos

---

1. Durrbach, *Choix*, I, p. 57, no 46 ; BCH, X, 1886, p. 133, no V ; *Archives des missions scientifiques*, XIII, 1887, p. 417, no 13.

2. BCH, XXXI, 1907, p. 374 ; XXIX, p. 201, 203, no 65 ; Durrbach, *Choix*, I, p. 58 ; IG, XI, 4, 1049.

3. BCH, X, p. 102, no 5 ; XXXIV, 1910, p. 369 ; X, 1886, p. 105.

4. *Archives des missions scientifiques*, XIII, 1887, p. 420 ; BCH, XXIX, 1905, p. 203 ; X, 1886, p. 106 ; Durrbach, *Choix*, I, p. 64, no 50. Vers 230-220.

5. *Archives des missions scientifiques*, XIII, 1887, p. 422 ; Durrbach, *Choix*, I, p. 92.

6. On trouve souvent ces mentions dans les comptes, ex. *Mélanges Holleaux*, p. 7, 59, 60 ; BCH, VI, 1882, p. 80 ; VIII, 1884, p. 437, 438 ; Roussel, La poix des Anthesteria, REA, 1934, p. 177 sq. ; Picard, REA, 1935, p. 278. La poix, par son odeur, écarterait les esprits des morts, Deubner, *Attische Feste*, p. 112. M. Picard croit qu'on lui attribuait à Délos un rôle religieux et non seulement utile.

avec cette puissance, la sortie en est permise ou interdite,
le prix en varie, si bien que l'on peut suivre, par la seule
fluctuation des prix, les vicissitudes des rapports mutuels.
Par exemple, la forte baisse de ce prix, en 179, qui du reste
ne se maintient pas, est en rapport avec la politique de libé-
ralisme commercial suivie par Philippe de Macédoine à
l'égard de Délos, qui lui témoigne sa reconnaissance par
l'octroi de couronnes [1].

Le bois n'est pas moins indispensable, soit pour les
multiples travaux de charpente et de menuiserie dans les
sanctuaires et les demeures, soit comme combustible, en particulier pour l'entretien du feu sur les autels [2]. Bois d'essences diverses, et charbon paraissent souvent dans les comptes
sacrés [3]. Le marché au bois se tient près du Portique de
Philippe [4], et une stèle, exposée à la vue des vendeurs et des
acheteurs [5], sur le lieu même du trafic, et près de l'endroit
où abordent les navires [6], porte gravée, vers 230-220, une loi
qui réglemente la vente du bois et du charbon, assure la
stabilité du prix de ces marchandises, cherche à empêcher
l'accaparement par l'achat en gros, et prescrit diverses mesures à l'égard des défaillants [7].

1. Glotz, L'histoire de Délos d'après les prix d'une denrée, REG,
XXIV, 1916, p. 281 ; JS, 1916. p. 16, Le prix des denrées à Délos ;
E, VII, 1, p. 166, note 2 ; Durrbach, *Inscr. de Délos*, n° 442, p. 162,
l. 188 ; *Mélanges Glotz*, II, p. 514.
2. Bois et charbon pour les autels, ξύλα ἐπὶ βωμούς, ἄνθρακες ἐπὶ
βωμούς, mention fréquente. Ex. Durrbach, *Inscriptions de Délos*, n° 354,
p. 131 ; *Mélanges Glotz*, II, p. 514-5. — Achat régulier de bois pour
le Pythion, sans doute pour entretenir le feu sacré, DCA, p. 222,
note 2 ; pour les feux du Pythion et de l'Hiéropoion, BCH, 55, 1931,
p. 276 ; pour les Νυκτοφυλάξια, *ibid.*, p. 275-6 ; *Mélanges Glotz*, II,
p. 514.
3. Essences diverses, BCH, VI, 1882, p. 135 ; XXVII, 1903, p. 101
(cèdre, cyprès, chêne, buis, etc.) ; pour les panneaux d'affichage, Homolle, *Les archives*, p. 13, etc.
4. Glotz, L'histoire de Délos d'après les prix d'une denrée, REG,
1916, p. 290 sq. ; E, VII, 1, Le Portique de Philippe, p. 62 ; DCA,
p. 10, note 5.
5. E, VII, 1, p. 141, fig. 212-3.
6. E, VII, 1, p. 141-2.
7. CRAI, 1905, p. 779 ; BCH, XXXI, 1907, p. 46 (avec traduction);
XLVII, 1923, p. 301 ; DCA, p. 13, 179, 296, note 4 ; E, VII, 1,
p. 141 ; VIII, 1, p. 208, note 1 ; Durrbach, *Inscriptions*, p. 324,

Nous connaissons les noms de plusieurs marchands de bois
déliens. M. Lacroix a dressé la descendance de l'un d'eux,
Antigonos, qui vit en 296, et il a établi les alliances de cette
famille ; il mentionne d'autres familles qui se livrent à cette
profession et qui comptent parmi la haute société commer-
çante de Délos [1].

La corporation des marchands d'huile [2], ἐλαιοπῶλαι [3],
olearii [4], est constituée par des Italiens et des Grecs de l'Italie
méridionale. Ils élèvent un sanctuaire à Héraklès à la fin du
IIe siècle et le réparent en 91-90, dans le quartier à l'Ouest
de la Salle Hypostyle, mais on n'en a pas retrouvé l'emplacement. Ils dédient, peu après l'an 100, une statue à Jules
César, le père du dictateur [5], proconsul d'Asie entre 98 et 90,
et patron de Délos. Au sud de l'Agora des Compétaliastes,
le magasin d'où provient le sékoma au nom de ce même

no 509 ; Wilhelm, *Neue Beiträge zur griech. Inschriftenkunde*, IV,
1919, no 29, p. 23.

Il est interdit de vendre après s'être assis les marchandises annon-
cées par le crieur, sans doute pour abréger ou même supprimer le
marchandage. A ceux qui refusent de se soumettre aux diverses prescriptions, les agoranomes ne concèdent pas l'usage des balances et mesures publiques.

1. Lacroix, Une famille de Délos, REG, 1916, p. 188 ; id., *Mélanges
Glotz*, II, p. 515.

2. Sur le commerce de l'huile en Grèce, DA, Olea, p. 169 ; De
Waele, La représentation de la vente de l'huile à Athènes, RA, 1926,
I, p. 282 ; Laum, L'essai et la vente de l'huile sur les vases peints,
ibid., 1928, I, p. 233 ; Cloché, *Les classes, les métiers, le trafic*,
p. 16 sq. ; Fels, *Der Oelbaum in Griechenland und seine wirtschaftliche
Bedeutung*, Munich, 1925.

3. CRAI, 1909, p. 416 ; BCH, XXIII, 1899, p. 74, no 17 ; XXXIII,
1909, p. 491, no 14 ; XXXVI, 1912, p. 109 ; DCA, p. 82, 95, note 6,
274, 306 ; Hatzfeld, *Les trafiquants italiens*, p. 352 ; Durrbach, *Choix*,
I, p. 193, 230 ; Roussel-Launey, *Inscr. de Délos*, no 1713-4 (dédicaces
de l'an 100 environ et de 96/5.

4. BCH, XXIII, 1899, p. 73 sq. ; XXXIII, 1909, p. 492 ; XXXVI,
1912, p. 143, 158-9, 195 ; Hatzfeld, *Les trafiquants italiens*, p. 38,
215, 266, 267 ; DCA, p. 301, note 6 ; Roussel-Launey, *Inscr. de
Délos*, no 1712 (peu après l'an 100).

5. BCH, XX, 1896, p. 443 ; XXIII, 1899, p. 73, no 16 ; XXIX,
1905, p. 18, 229 ; DCA, p. 319, note 2, 322, note 1 ; Durrbach,
Choix, I, p. 229, no 141 ; CIL, III, suppl. 2, 14203 (6) ; BCH, XXXVI,
1912, p. 143 ; Hatzfeld, *Les trafiquants italiens*, p. 215, note 1 ; Roussel-Launey, *Inscr. de Délos*, no 1712.

Jules César[1], et leur dédicace à ce personnage, leur sert sans doute d'entrepôt pour l'huile[2] qu'ils importent d'Italie. Ils la vendent, non seulement en Orient, mais aussi sur la place de Délos, où elle est utilisée pour le culte[3] et pour les exercices des palestres et du gymnase[4].

La corporation des marchands de vin, οἰνοπῶλαι[5], qui fait en 97-6 une dédicace à Hermès, Dionysos et Apollon, est sans doute aussi composée d'Italiens. Ils importent à Délos les vins d'Italie, d'Apulie et de Campanie[6]. Mais Délos reçoit encore des vins d'autres provenances. On a trouvé des restes d'amphores dans les sous-sols de l'établissement - des Poseidoniastes de Bérytos, et l'on sait que Bérytos est renommée pour ses vins et ses raisins[7]; les comptes mentionnent, pour les repas rituels aux fêtes des Posideia, des vins de Cnide et de Cos dont les amphores, une fois vidées, sont revendues au profit du sanctuaire[8].

Huile et vin sont contenus dans ces amphores qui sont représentées sur les peintures murales[9], et dont on a trouvé un grand nombre, entières ou fragmentées[10]. L'étude de leurs estampilles apportera d'utiles précisions sur l'histoire du

1. E, XVIII, p. 173, 175, n° 1, pl. 500.
2. BCH, XX, 1896, p. 463 ; XXXVI, 1912, p. 144 ; Durrbach, *Choix*, I, p. 230. — Ils semblent avoir occupé un local voisin de l'Agora de Théophrastos, Roussel-Launey, *Inscr. de Délos*, n° 1712-4.
3. Les comptes mentionnent souvent les dépenses d'huile pour l'entretien des temples, l'onction des statues, les lampes, etc., Ex. BCH, VI, 1882, p. 81, ἔλαιον εἰς χέρνιβον ; XXXII, 1908, p. 14, l. 32.
4. Le γυμνασίαρχος fournit l'huile, DCA, p. 195. Cf. E, XVIII, p. 328, note 10.
5. CRAI, 1905, p. 778 ; BCH, XXXII, 1908, p. 429, n° 40 ; XXXIII, 1909, p. 492 ; XXXVI, 1912, p. 141, n° 2 ; Hatzfeld, *Les trafiquants italiens*, p. 216, 267 ; Durrbach, *Choix*, I, p. 230, n° 142 ; DCA, p. 95, note 6, 274 ; Roussel-Launey, *Inscr. de Délos*, n° 1711.
6. BCH, XXXVI, 1912, p. 143.
7. E, VI, p. 116, note 1.
8. BCH, XXXIV, 1910, p. 145, οἴνου Κνίδια, οἴνου Κῶια, sous-entendu κεράμια ; peut-être ailleurs οἴνου Κνιδίων κεραμέων, οἴνου Κωίον κεραμέων.
9. MP, XIV, 1908, p. 48, pl. I, IV ; BCH, XL, 1916, p. 176, fig. 10, p. 186, fig. 16 (quartier du stade).
10. On en voyait, avant 1939, des rangées, à moitié dégagées du sol, dans le quartier à l'Est du Lac Sacré.

préparer le sacrifice au *genius*, amener la victime, le porc, la
dépecer, la cuire ; nous connaissons, tracés sur ces peintures,
les noms de quelques-uns d'entre eux, *Parmenio, Agat(ho-
cles)* [1] ; dans les maisons, nous pouvons parfois situer leur
logement [2], et dans le réduit de la maison du Lac, nous
lisons le graffite que l'un d'eux traça, regrettant, dans la
stérile Délos, sa patrie abondante en eau et en fruits [3]. Mais
ils sont parfois affranchis, et c'est au théâtre de Délos que
l'on proclame leur liberté [4]. Quatre esclaves dédient une statue
à Jupiter Liber, Ζεὺς Ἐλευθερίος, à l'occasion de l'affran-
chissement d'un camarade, et de concert avec l'intéressé [5].

des Compétaliastes, Bulard, MP, XIV, 1908, p. 38, fig. 14 ; id., *La
religion domestique*, p. 210-11 ; Roussel-Launey, *Inscr. de Délos*,
no 1745.

1. Bulard, *op. l.*, p. 10-11, 68-70, 443-4.
2. Ex. BCH, XXIX, 1905, p. 17, note 1 ; 1895, p. 496, 500 ; E,
VIII, 1, p. 180 ; VIII, 2, p. 408.
3. E, VIII, 2, p. 420, 423 ; XVIII, no 45.
4. BCH, VII, 1883, p. 122.
5. BCH, XXIII, 1899, p. 78, V ; 1909, p. 506. — Sur une peinture murale d'un magasin, dans une couronne de fleurs et de fruits, on
lit Διὸς [Ἐλευ]θερίου, CRAI, 1904, p. 737 ; BCH, XXX, 1906, p. 658 ;
Bulard, *La religion domestique*, p. 263 ; MP, XIV, 1908, p. 24, 76.

IV. — PLACES ET LOCAUX DE COMMERCE.

15. — *Agoras, bâtiments de commerce.* — Les agoras de Délos[1] offrent au trafic leurs espaces. La plus ancienne des places déliennes est l'Agora proprement dite, au Sud du sanctuaire, aussi dénommée « Tétragone »[2]. Aménagée dès la première moitié du iiie siècle, des portiques l'entourent[3] : « Portique oblique », qui serait le premier en date des grands édifices affectés au commerce[4], élevé entre 250-230 ; « Portique du Sud-Ouest », antérieur au dernier quart du iiie siècle ; « Portique coudé », construit dès 173. Elle se continue vers la mer par l'« Agora du Sud-Ouest » ou des « Compétaliastes »[5], installée au milieu du iie siècle ou peu après, et limitée au N. par le Portique de Philippe qui n'abrite sans doute aucun commerce, malgré sa proximité[6]. Plus au Nord, près de la Salle Hypostyle, l'Agora de Théophrastos est organisée vers 126-5[7].

Au N. du téménos, le Portique d'Antigone, dédié en 254 ou 252, en tout cas avant 238, est avant tout un édifice d'apparat[8] et, entre lui et le Lac Sacré, l'Agora des Italiens,

1. DCA, p. 11 ; 294 sq., Agora et Emporion ; BCH, 40, 1916, p. 28, note 3 ; voir la carte, Roussel, *op. l.*
2. Le nom « Tétragone » a été contesté, BCH, XXXIV, p. 110 sq., 546-7 ; DCA, p. 294, note 1 ; mais est de nouveau admis, BCH, 53, 1929, p. 167, note 3.
3. Sur ces portiques et leur date, DCA, p. 294.
4. BCH, XXVI, 1902, p. 551.
5. BCH, XXIX, 1905, p. 7 ; DCA, p. 300. Sur les Compétaliastes, voir plus haut, nº 14. Dédicaces des Compétaliastes, Roussel-Launey, *Inscr. de Délos*, nº 1760 sq.
6. DCA, p. 11 ; Tarn, *La civilisation hellénistique*, trad. 1936, p. 242. Le Portique annexe le double à l'Ouest et au Nord, élevé entre 160-150, DCA, p. 297. La place marchande avant la construction du portique de Philippe, BCH, XXXI, 1907, p. 52.
7. DCA, p. 297. Théophrastos, épimélète en 126/5 et 125/4 ; Roussel-Launey, *Inscr. de Délos*, nº 1806-7.
8. Courby, Note sur la date du Portique d'Antigone à Délos, BCH, XXXVIII, 1914, p. 296.

construite au plus tôt vers l'an 110, est un édifice de luxe,
un centre de réunion de la colonie italienne [1], une bourse de
commerce.

Construite à la fin du IIIe siècle, vers 210 [2], la Salle Hypostyle, dont le vrai nom est la στοὰ ἡ πρὸς τῶι Ποσιδείωι [3],
est-elle à la fois bourse de commerce et halle au blé ? [4]. Cette
destination est douteuse [5]. Dans l'établissement des Poseidoniastes de Bérytos, on traite aussi les affaires comme dans
une bourse [6]. Il en est vraisemblablement de même dans les
autres locaux des diverses associations déliennes, dont les
emplacements ne sont pas connus [7]. On a supposé que l'édifice appelé « monument de granit », à l'Ouest de l'Agora
des Italiens [8], et la maison du Diadumène, au N. E. de
l'établissement des Poseïdoniastes, ont pu servir de locaux à
des associations de commerçants [9].

16. — *Ports et quais.* — L'ancien port sacré[10], où débar-
quent les pélerins, contient longtemps le trafic, et, à l'époque archaïque, au sud du môle, la baie demeure ouverte,
sans trace de quais. Avec le développement commercial de
Délos, ces aménagements deviennent insuffisants ; en même

1. Voir plus haut, n° 12 ; sur son rôle, DCA, p. 79-80, 303 ; Hatzfeld, *Les trafiquants italiens*, p. 279 ; Durrbach, *Choix*, I, p. 212 ; E,
XIX, 1939, Lapalus, L'Agora des Italiens, 93, 95, édifice purement
civil, sans lieu de culte, comme aux Poseidoniastes, *ibid.*, 95.
2. Date, E, II, p. 45, 51 ; II, Complément, p. 34-6 ; VII, p. 159,
162 ; DCA, 327, note 1.
3. E, II, Complément, p. 1, 27.
4. Destination, E, II, p. 51 ; DCA, p. 11, 327, note 1 ; BCH, 44,
1920, p. 268, note 4, référ. ; Leroux, *Les origines de l'édifice hypostyle*, p. 255 ; Perdrizet, REA, XII, p. 426 ; Thiersch, *Die Nike von
Samothrake*, Mitt. d. Gesell. d. Wiss. Göttingen, Phil. hist. Klasse,
1931, p. 372.
5. Selon Picard, la salle hypostyle aurait été un Télesterion consacré
à Dionysos. CRAI, 1934 ; BCH, LVIII, 1934, II, p. 490, note 3.
6. E, VI, p. 75 ; Durrbach, *Choix*, I, p. 199. Sur cet établissement,
voir plus haut, n° 12.
7. Voir plus haut, n° 12.
8. CRAI, 1907, p. 346-348 ; E, II, Leroux, La salle hypostyle,
p. 4, note 2 ; XIX, Lapalus, 3, note 6 ; DCA, p. 305, note 3 ; BCH,
44, 1920, p. 267, note 2.
9. E, VIII, 2, p. 427 ; XIII, p. 21, note 2.
10. Port sacré, BCH, XX, 1896, p. 432.

temps que l'on transforme les agoras, on commence à se préoccuper d'améliorer le port, dans le dernier quart du IIIᵉ siècle [1]. Le port marchand se développe au sud du port sacré, avec un vaste système de môles, de quais, de docks, de bassins s'étendant le long du rivage [2], et des ports annexes sont installés à Skardana et à Ghourna [3]. Epimélètes et agoranomes ont la surveillance [4] de l'emporion, faisant la police, percevant les impôts [5], le bureau des premiers se trouvant peut-être dans la salle N. du Portique de Philippe [6], celui des seconds à proximité de l'Agora du Sud [7].

17. — *Magasins de transit et de vente.* — De vastes magasins bordent les quais [8] pour recevoir les marchandises amenées par mer jusqu'au moment où elles seront réexpédiées, car le commerce de Délos est avant tout un commerce de transit [9]. Il n'est pas possible aujourd'hui de discerner leurs divers emplois ; toutefois, nous avons constaté que l'un d'eux a sans doute servi d'entrepôt à la corporation des *olearii* [10].

1. E, VII, 1, p. 144 ; Durrbach, *Choix*, I, p. 89.
2. Sur les ports de Délos et leurs aménagements, BCH, VIII, 1884, p. 122 ; Ardaillon, Rapport sur les fouilles du port de Délos, BCH, XX, 1896, p. 428 (port marchand, p. 437), pl. II-III ; Fouilles du port de Délos, BCH, XXIII, 1899, p. 56 ; Paris, Contribution à l'étude des ports antiques du monde grec. II. Les établissements maritimes de Délos, BCH, 40, 1916, p. 5 ; Fouilles sur l'emplacement du port antique, CRAI, 1909, p. 398 ; DCA, p. 294, Agora et Emporion, p. 297 sq.; Roussel, *Délos*, 1925, p. 35, Le port, l'entrepôt et la ville de Délos ; E, VII, 1, Le Portique de Philippe, p. 164 ; Durrbach, *Choix*, I, p. 161 sq.; Cloché, *Les classes, les métiers, le trafic*, p. 100 ; Roersch, Le port de Délos, Rev. des questions historiques, 1907, avril-juillet. Emplacement des ports, BCH, 40, 1916, p. 13 ; résumé des phases par lesquelles a passé le port de Délos, *ibid.*, p. 62, 72-3.
3. BCH, 40, 1916, p. 61, Les ports annexes, Skardana et Ghourna.
4. DCA, p. 179, Les épimélètes de l'emporion et les agoranomes, BCH, III, 1879, p. 376 ; Durrbach, *Choix*, I, p. 138, 139, 230.
5. Impôts perçus par le dieu sur le port, BCH, VI, 1882, p. 67.
6. E, VII, 1, Le portique de Philippe, p. 154 ; DCA, p. 180, note 9.
7. Durrbach, *Choix*, I, p. 138.
8. Voir les références précédentes et : BCH, XX, 1896, p. 438 ; Le quartier marchand au sud du sanctuaire, BCH, XXIX, 1905, p. 6 ; Fouilles dans le quartier marchand, BCH, XXX, 1906, p. 632 ; XL, 1916, p. 55 ; DCA, p. 300, référ.
9. BCH, XXIX, 1905, p. 35-6 ; Roussel, *Délos*, 1925, p. 37.
10. Voir plus haut, nº 14.

Les commerçants semblent en effet s'être groupés d'après l'objet commun de leur négoce, le magasin occupant un même corps de métiers, une association, comme celle des *olearii* [1]

Cependant il est inexact de penser que les magasins des quais ne servent qu'au commerce de gros et de transit, et que, tournés vers la mer, ils n'ont ni relation ni communication avec la ville qui s'étage derrière eux sur la colline. Aux entrepôts se mêlent les boutiques pour la vente au détail, et il n'est pas possible d'établir une distinction nette entre les magasins de vente et les magasins de transit [2] ; plus exactement, aucun magasin n'a une affectation exclusive, et tous unissent une double affectation, utilisant pour la vente les boutiques situées sur le quai et en arrière du quai, et entreposant les marchandises de transit à l'intérieur [3]. Certains servent en même temps d'habitation ; d'autres non, leurs riches marchands regagnant le soir leur maison du quartier du théâtre [4].

18. — *Boutiques pour le commerce de détail.* — En dehors du port, de nombreuses boutiques assurent aux Déliens, par la vente au détail [5], les objets nécessaires à leur existence : dans le quartier du théâtre [6], dans la rue à l'Est du Péribole, sur les côtés extérieurs de l'Agora des Italiens [7], au monument de granit [8], dans une rue parallèle au mur Ouest

1. BCH, XXIX, 1905, p. 21.
2. BCH, XVIII, 1894, p. 443.
3. BCH, XL, 1916, p. 59.
4. BCH, XXIX, 1905, p. 32.
5. Sans doute s'approvisionnent-elles aux docks, où l'on doit distraire, avant de réexpédier les marchandises sur les autres ports grecs ou italiens, ce qui est nécessaire à la consommation locale. E, VIII, p. 208.
6. BCH, XXX, 1906, p. 562 ; E, VIII, 1, Le quartier du théâtre, p. 96, p. 207, Boutiques et locaux industriels. — Dans l'insula au S. du théâtre, BCH, LVII, 1933, p. 169 (« Aucune n'a gardé trace du métier ou du commerce de l'occupant. »)
7. CRAI, 1905, p. 763-4 ; Lapalus, E, XIX, 1939, L'Agora des Italiens, 61, les magasins. Entre le côté S. et le portique d'Antigone, un édifice de la fin du IIᵉ ou du début du Iᵉʳ siècle est un magasin gréco-romain, E, V, p. 103, p. 2, fig. 3, plan nº 11.
8. CRAI, 1907, p. 345. Sur cet édifice à l'ouest de l'Agora des Italiens, E, II, p. 3, note 5, fig. 2, nº 5.

de la palestre du lac [1], dans la rue entre le hiéron et le gymnase [2], dans le quartier à l'E. du Stade [3], dans le quartier de l'Inopos, aux abords des sanctuaires [4].

19. — *Marchands ambulants*. — Comme à Pompéi [5], et dans toutes les villes antiques, comme aujourd'hui en Orient, des marchands ambulants parcourent les rues étroites de Délos en criant leurs marchandises et ils établissent leurs éventaires provisoires sur les places publiques [6].

1. CRAI, 1911, p. 863.
2. BCH, XLV, 1921, p. 532.
3. BCH, XL, 1916, 145 sq.
4. Aux abords de l'Héraion, comme des autres sanctuaires de cette région, des échoppes devaient fournir aux dévots les ex-votos qu'ils allaient consacrer aux divinités, E, X, p. 3.
5. Magaldi, *Il commercio ambulante à Pompei*, Naples, 1929 ; cf. RA, 1932, I, p. 338.
6. Voir la fresque de Pompéi, Thédenat, *Pompéi, Vie publique*, p. 28, fig. 18 ; DA, Mercator, p. 1740, fig. 4923.

V. — Métiers des Déliens. Commerce et Industrie.

20. — *Professions commerciales des Déliens et locaux de commerce et d'industrie.* — De nombreux Déliens exercent la profession d'*armateurs* — peut-être que l'un d'eux a habité la maison du Trident dont la mosaïque semble trahir ses occupations [1] —, d'*entrepositaires*, de *banquiers*, d'autres sont *marchands de blé, de bois, d'huile, de vins.*

Quelques noms propres sont suivis de leur profession ; Nous connaissons vers le milieu du ɪɪɪᵉ siècle un Ἀπολλώνιος σιτομέτρης [2] ; ailleurs Ἀπολλόδωρος παντοπώλης, tenancier de bazar [3] ; un locataire d'une maison sacrée, en 192, est un teinturier en pourpre, Πύρρος πορφυροβάφος [4], etc.

Nous citons plus loin les professions de divers artisans. Ces indications ne sont pas rares avant 166, mais après cette date elles disparaissent et M. Roussel relève, vers 160, la mention, « chose unique dans les actes athéniens, de travaux exécutés par un artisan » : [Ἀπο]λλοδώρωι τῶι ἐργολαβήσαντι κατασκευάσαι ὀλκεῖα [δ]ύο καὶ ῥαντήρια τέτταρα [5].

Les comptes mentionnent parfois des maisons occupées par des négociants pour la vente au détail, par exemple les οἰκήματα ἐν οἷς Ἔφεσος καπηλεύει, cités pour la première fois vers 279 [6] et, à la même époque, un καπηλεῖον [7].

Les documents épigraphiques mentionnent rarement des

---

1. Ancre et dauphin, trident, « armoiries maritimes comme il sied à un riche propriétaire délien », BCH, XXIX, 1905, p. 34, note 1, 5o3 ; E, VIII, 1, p. 151.
2. BCH, XXXII, 1908, p. 60.
3. *Ibid.* ; VII, 1883, p. 112, n. VII, l. 13 ; *Mélanges Glotz*, II, p. 515.
4. BCH, XXXV, 1911, p. 82.
5. DCA, p. 390, nᵒ VI.
6. BCH, XXIX, 1905, p. 38-9.
7. *Ibid.*, p. 39, note 1.

de pierres avec ouvertures circulaires, dans la maison B de
l'Insula I, au quartier du théâtre, a permis de supposer
qu'il y avait là un restaurant semblable à ceux de Pompéi[1].
Le plan insolite de la maison B, dans le quartier à l'Est du
stade, dénote qu'elle n'a point été une simple habitation
privée[2]; dans la salle f, un long soubassement en pierres
de taille supporte des dalles horizontales dans lesquelles on
a ménagé quatre grandes ouvertures circulaires, des four-
neaux[3]. Serait-ce, dit-on, une hôtellerie ou un restaurant ?[4].
Cette destination expliquerait la présence, dans une autre
pièce, de plusieurs pieds de table, utilisés pour le service des
convives[5]. « Cette habitation, avec ses deux entrées soi-
gneusement surveillées, sa disposition élégante et spacieuse,
peut avoir été un restaurant ; des tables étaient sans doute
disposées devant le long divan stuqué, recouvert de tapis et
de coussins. Le portique servait à la fois de salle à manger
et de cuisine ; la partie orientale, qui comportait un évier
et que desservait une porte spéciale, était l'office et la
laverie »[6].

Dans les inventaires, une καπηλική, des καπηλικαί[7],

peut-être le logement d'artistes dramatiques, qui auraient eu leur centre
dans la maison voisine, dite « des masques », E, XIV, p. 7-8. Sur la
« maison des masques », comme centre d'une association théâtrale, voir
plus haut, p. 3o, n. 5.

1. E, VIII, 1, p. 215.
2. BCH, XL, 1916, p. 166 ; LVIII, 1934, p. 213, fig. 15.
3. Visible sur la figure BCH, XL, 1916, p. 168, fig. 7, et sur la
planche V-VII, B f. Cf. la description, *ibid.*, p. 176 sq. ; LVIII, 1934,
p. 213, fig. 15.
4. *Ibid.* ; Picard, *La vie privée dans la Grèce classique*, p. 29. « Il
se peut d'ailleurs que d'abord cette partie de la maison ait eu une
autre destination, le sol de f n'est que de la terre rapportée où étaient
enfoncés deux grands pressoirs à olives en marbre blanc retournés »,
BCH, XL, 1916, p. 171.
5. BCH, XL, 1916, p. 174. 8 pieds en marbre bleu attique, en
forme de colonnes lisses, hauts de 0,82 ; quatre pieds rectangulaires
avec rosaces, haut. 0,605, base 0,32/0,55, qui ont dû supporter des
plateaux de tables.
6. BCH, XL, 1916, p. 171.
7. BCH, XXVII, 1903, p. 95 ; XXXII, 1908, p. 57 ; IG, XI, 2,
p. 110, l. 25 sq. : καπηλικὸν καὶ ἄλλον σκύφον; III, l. 33 : καπηλικὰς
τρεῖς; 112, l. 13 : καπηλικὰς δύο; 113, l. 20, *id.* ; 124, l. 39 : καπη-
λικήν; IG, XI, 2, p. 287, l. 90 : καπηλική.

seraient-ils des vases utilisés par des cabaretiers [1]? Ce sens
est douteux, puisqu'il s'agit de vases conservés dans le
Prytanée.

23. — *Commerces de grains et de liquides.* — Dans quelques maisons et boutiques, des vases de terre, amphores,
jarres de formes diverses, des cuves en marbre circulaires,
des mortiers en pierre, sont enfoncés dans le sol [2]. On peut
supposer en quelques-uns de ces lieux des commerces de
grains et de liquides [3], qu'attestent les très nombreux sékomata, entiers ou fragmentés, trouvés en divers points de
la fouille [4]. Dans les maisons, ces récipients ont sans doute
contenu les provisions de la vie domestique [5]. Dans une
pièce de la maison des Dauphins, une conduite en terre
cuite communique avec la ruelle voisine, et son orifice est
dans la pièce à 1 m. 50 du sol ; peut-être versait-on direc-

1. Selon M. V. Martin, professeur à l'Université de Genève : « La
καπηλική me paraît désigner un ustensile utilisé par un κάπηλος ou
cabaretier. Dans l'épigramme 229 du IXᵉ liv. de l'Anthologie, il est
question d'un λάγυνος (bouteille) καπηλικά μέτρα φιλοῦσα, sans doute
une bouteille de grande capacité. Dans une inscription IG, I, 1 (2)
110, on trouve un ἀργύρωμα καπηλικόν, vase d'argent de cabaretier.
Je sous-entendrais donc ici un mot comme φιάλη ou πυτίνη ».
2. Quartier du théâtre. E, VIII, 1, p. 212 ; rue du théâtre, Nᵒ 4, 5
(pierre) ; rue du théâtre 4, 14, 26 (terre cuite) ; rue supérieure du
théâtre, Nᵒ 1, fig. 92 ; rue 2, Nᵒ 2 ; BCH, XXX, 1906, p. 565, 577,
quartier du théâtre, de la maison du Trident à la quatrième rue à l'Est,
côté Est, Nᵒ 4 ; *ibid.*, p. 585, quartier du théâtre, quatrième rue à
l'Est, côté Ouest, Nᵒ 1 ; p. 589, rue du théâtre, Nᵒ 4 ; *ibid.*, p. 591,
rue du théâtre, Nᵒ 28. — Quartier à l'Est du stade, habitation A, boutique γ, 8 amphores dont trois étaient encore enfouies dans le sol jusqu'à l'épaule ; près de là, en dehors de la porte de la boutique δ,
quelques amphores enfoncées en terre, BCH, XL, 1916, p. 166 ; dans
la boutique ε trois amphores dans le sol, *ibid.*, p. 175.
3. E, VIII, 1, p. 212 ; BCH, XXX, 1906, p. 565. Un magasin au
côté S. de l'Agora des Italiens, avec pithos en terre cuite enfoui dans
le sol, serait peut-être la boutique d'un marchand de liquides, huile ou
vin, Lapalus, E, XIX, 1939, L'Agora des Italiens, 63, magasin 89.
4. E, XVIII, nᵒ 83.
5. Maison à l'Est du péribole, BCH, XXXI, 1907, p. 483 ; maison B
dans le quartier du haut Inopos, pièce C (cuisine ?) ; E, VIII, 2,
p. 436. Dans le quartier du théâtre, insula VI, Nᵒ H, la salle L peut
avoir été un cellier ; on y a découvert 4 amphores intactes et des fragments d'amphores, E, VIII, 1, p. 58.

28. — *Ateliers de sculpteurs*. — Pour fournir aux sanctuaires les images de culte, le mobilier de pierre, les ex-voto qu'offrent les fidèles, pour graver les nombreuses inscriptions officielles, pour subvenir aux besoins des habitants en objets utiles et décoratifs, Délos possède des sculpteurs et des tailleurs de pierre. Des dédicaces mentionnant οἱ τὴν τετράγωνον ἐργαζόμενοι ont permis de croire à l'existence d'une corporation de fabricants d'hermès, sans doute placée sous l'invocation d'Apollon et d'Hermès, mais si l'existence d'un tel collège peut être admise par analogie avec d'autres organisations du même genre, il ne semble pas qu'on puisse la déduire de cette inscription [1]. Un épimélète est sans doute préposé à la fabrication et à l'installation des hermès déliens [2], dont le gymnase a livré plusieurs spécimens [3]. Sur un petit autel en marbre blanc, trouvé au S. E. de l'agora, devant l'entrée d'une maison, on lit Ἀπόλλωνος Μαρμαρίου, et l'on s'est demandé si Apollon n'y était pas invoqué comme patron des marbriers [4].

---

sciences, 1907, Reims, p. 864 ; id., *Ebauches d'objets gallo-romains en os de Sainte-Colombe-les-Vienne*, Rhodania, Congrès de Nimes, 1922, no 710.

1. Deux dédicaces, du début du 1er s. On a proposé les hypothèses suivantes : a) ouvriers ou entrepreneurs occupés à la construction d'un édifice, sans doute le Portique dit Tétragone ; b) hommes d'affaires, négociants ou banquiers, exerçant leur profession sur l'agora dite Tétragone, et dans les portiques voisins ; c) artisans fabriquant les hermès. Cette dernière hypothèse n'est plus guère admise, et la plus vraisemblable paraît être la seconde.

BCH, VIII, 1884, p. 126 ; XI, 1887, p. 269, No 33 (entrepreneurs du Portique Tétragone) ; XXVI, 1902, p. 491, et note 1 (négociants ayant leurs affaires au Portique Tétragone) ; XXXIV, 1910, p. 110 sq. (fabricants d'hermès), p. 541, No 6 ; p. 546 ; LIV, 1930, p. 143, note 6 (contre l'hypothèse des fabricants d'hermès) ; Wilhelm, *Glotta*, XV, 1925, p. 73 (id.) ; Durrbach, *Choix*, I, p. 225, No 138 (énumère les diverses hypothèses et maintient son opinion antérieure qu'il s'agit de marchands) ; DCA, p. 95, note 6 ; Roussel-Launey, *Inscr. de Délos*, no 1709, 1725.

2. BCH, XXXIV, 1910, p. 114.

3. Michalowski, Les hermès du gymnase de Délos, BCH, LIV, 1930, p. 131.

4. BCH, XXXXIV, 1910, p. 410, No 62. Inv. A 26 ; Roussel-Launey, *Inscr. de Délos*, 1937, no 2473 (un Apollon de Marmarion en Eubée ?).

Nous n'avons pas à examiner ici les œuvres de sculpture
qui ornent les sanctuaires, les édifices publics, les demeures,
parfois mentionnées dans les inventaires [1], les soins que
nécessite leur entretien [2], leurs auteurs et leurs styles, leurs
caractères généraux [3] ; cette étude sera faite ailleurs [4].

On relève dans les comptes les noms de quelques lapicides
auxquels nous devons les inscriptions officielles depuis la fin
du ive siècle [5]. Nous connaissons aussi les noms d'artistes
ou praticiens [6]. Quelques-uns sont d'origine délienne : Aris-
tothalès, en 282, 279, 269 ; Sarpédon en 250 [7], et son fils,
Agorallos, vers 200 [8] ; Glaukos est peut-être un sculpteur [9].
Mais la plupart sont des étrangers[10]. Les uns sont établis
dans l'île. Un Λεύκιος Κοσσούτιος Μάρκου, qui fait partie
du collège des Hermaïstes dans la seconde moitié du iie siècle,
est vraisemblablement un statuaire, car divers membres de
la gens Cossutia établis en Grèce au iie siècle s'occupent du

1. BCH, VI, 1882, p. 126, No 3, etc.
2. BCH, XIV, 1890, p. 497.
3. Sur les caractères généraux de la sculpture délienne, BCH, XXXI,
1907, p. 389 ; Picard, *La sculpture antique*, II, p. 210 ; Krähmer, RM,
38-9, 1923-4, p. 138 ; BCH, LIV, 1930, p. 143.
4. Le catalogue des sculptures de Délos est préparé par M. Devam-
bez ; M. Demangel a établi celui des bas-reliefs votifs, CRAI, 1923,
p. 266.
5. Homolle, *Les archives*, p. 98, note 1, 103 sq. ; BCH, VI, 1882,
p. 82. Ex. Néogénès, à la fin du iiie s., dont le nom revient souvent
dans les comptes, entrepreneur ou lapicide, *Rev. phil.*, 1914, p. 322 ;
E, VII, 1, Le portique de Philippe, p. 159 ; Aristéas, *Rev. phil.*, l. c. ;
Deinoménès, qui grave plusieurs comptes de la première moitié du
iiie s., BCH, XXXII, 1908, p. 55 ; XLVI, 1922, p. 102, note 2 ;
Mélanges Glotz, II, p. 511.
6. Liste de noms de sculpteurs, Roussel-Launey, *Inscr. de Délos*, 1937,
p. 330, no 3 (no 2489 sq.) ; DCA, 288, n. 4.
7. *Archives des missions*, XIII, 1887, p. 432 ; Loewy, *Inschr. Griech.
Bildhauer*, No 530 ; BCH, XIV, 1890, p. 503 ; V, 1881, p. 466, No 6 ;
DCA, p. 287-8.
8. On possédait déjà deux signatures du fils de Sarpédon, sans que
son nom eût pu être identifié ; mais un décret trouvé ultérieurement
mentionne Ἀγόραλλος Σαρπήδονος Δήλιος, BCH, V, 1881, p. 466, No 6 ;
CRAI, 1908, p. 185 ; *Mélanges Glotz*, II, p. 503, note 9.
A Délos, comme ailleurs, le métier de sculpteur est héréditaire, DCA,
p. 287.
9. BCH, XVI, p. 161, No 23 ; DCA, p. 60, No 1.
10. *Mélanges Glotz*, II, p. 513, 517.

noms [1], et l'on sait combien ces indications sont utiles aux
érudits qui s'efforcent de reconstituer les édifices des
sanctuaires déliens [2]. On consacre parfois dans ceux-ci les
maquettes en relief des constructions prévues ou réalisées,
ou certains de leurs détails [3]. Les architectes ne signent pas
leurs œuvres, à une exception près : le nom d'Apollodoros
l'Athénien figure dans la dédicace gravée sur l'architrave
d'un temple égyptien en 135-4 [4]. Leurs noms sont obscurs ;
toutefois un des décrets de la confédération des Nésiotes
est rendu en l'honneur de Sostratos de Cnide, l'architecte
célèbre du Phare d'Alexandrie [5].

Un relief trouvé dans le sanctuaire des dieux syriens, près
du théâtre d'Atargatis, montre de chaque côté d'un autel
deux jeunes gens en vêtement d'artisans ; l'un tient au-dessus
de l'autel un niveau en forme d'A, l'autre un marteau et un
ciseau. Sont-ce « des ouvriers occupés à la construction d'un
autel ? Comme le bas-relief est un monument votif, on peut
croire que ces deux jeunes gens ont à la fois construit l'autel
et consacré le souvenir de ce travail en se représentant eux-
mêmes sur le bas-relief. » Il est plus raisonnable d'admettre,
comme nous l'avons montré ailleurs [6], que ces deux person-

1. Noms d'architectes, Lacroix, op. l., p. 326-7, de la fin du ive à la
première moitié du iiie s. ; noms d'entrepreneurs, ibid., p. 327 ; Mélanges Glotz, II, p. 504.

2. Voir E, passim.

3. BCH, XIV, 1890, p. 465 et note 3. Ex. : τύπος ξύλινος κερα-
μίδων τῶν ἐπὶ τὸν κερατῶνα, BCH, VI, 1882, p. 129, note 4 ; XXXIV,
1910, p. 127 ; Durrbach, Inscr. de Délos, N° 442, p. 151, l. 172 ;
N° 443, p. 184, l. 96 ; N° 444, p. 193, l. 12 ; N° 457, p. 229, l. 22 ;
N° 468, p. 285, l. 29. Modèle réduit du grand temple d'Apollon, déposé
dans l'oikos des Andriens en 269, E, XII, p. 230 : παράδειγμα θυρῶν
τοῦ Ἀπόλλωνος.— Maquette du temple de Zeus Cynthien, inventoriée en
274 dans la Chalcothèque, en 269 dans l'oikos des Andriens, IG, 199,
B, l. 90 ; 203, B, l. 95 ; E, XI, p. 72. Dans la Graphé, BCH, LIII,
1929, p. 310 : παράδειγμα ναΐσκου ξύλινου. Ἄλλο παράδειγμα τῆς τετρα..
(aucune restitution n'est possible, mais il ne s'agit en tout cas pas de
l'Agora Tétragone).

4. BCH, XVI, 1892, p. 479, Un architecte athénien à Délos ; CE,
p. 129, N° 76 ; DCA, p. 38.

5. BCH, VII, 1883, p. 5, N° 1 ; XXXI, 1907, p. 341, N° 3 ; Durrbach, Choix, I, p. 30, N° 21 ; p. 32, N° 22 ; p. 33, N° 23, N° 24.

6. Deonna, Instruments de métiers sur un bas-relief de Délos, BCH,
LVI, 1933, p. 421.

nages ne sont pas de simples mortels, mais des êtres symboliques.

3o. — *Matières utilisées par les tailleurs de pierre.* — La géologie de Délos a été étudiée par M. Cayeux [1] ; elle est fort pauvre ; le granit et le gneiss « sont à peu près les seules roches foulées aux pieds d'un bout à l'autre de l'île » [2]. Il est regrettable que cet auteur n'ait point publié la suite de ce travail, qui devait comprendre la « Géologie considérée dans ses applications à l'architecture délienne » [3], et scruté la nature et l'origine des diverses pierres utilisées par les constructeurs déliens.

Délos fournit divers marbres locaux [4], de grains fins, moyens ou gros, de couleur variant du blanc au bleuâtre, qui sont employés déjà dans le nouvel Héraion construit à la fin du VIe siècle, le bâtiment au N. du Prytanée, le petit sékos voisin, le soubassement du temple d'Apollon [5], la salle hypostyle [6], les Portiques de Philippe [7] et d'Antigone [8], l'Agora des Italiens [9] et quelques maisons [10].

On utilise le granit [11], déjà à l'époque archaïque, pour les substructions, en particulier pour celles du nouvel Héraion de la fin du VIe siècle [12], pour l'oikos des Naxiens [13]. Mais pendant la période amphyctionique, les Déliens ne savent pas encore dresser cette pierre difficile à travailler et ne

1. E, IV, Description physique de Délos.
2. *Ibid.*, p. 2 ; « l'île n'est en quelque sorte qu'un bloc de granit », E, VIII, 1, p. 24.
3. *Ibid.*, p. 4.
4. E, IV, 1, p. 68, 2, Les marbres cipolins ; E, VIII, 1, p. 235.
5. Dans tous ces édifices, on rencontre le même marbre blanc, parfois veiné et fissuré, Vallois, *Rapport sur une mission*, p. 208 ; E, XI, p. 185, et note 4 ; XII, p. 86.
6. E, II, p. 10, marbre blanc, teinté de gris et de bleu.
7. E, VII, 1, p. 67, 109, 130, 136, note 3 ; CRAI, 1911, p. 220.
8. Le marbre blanc des triglyphes à tête de taureau provient sans doute de Délos, E, VI, p. 23.
9. E, XIX, 1939, Lapalus, L'Agora des Italiens, 93.
10. E, VIII, 1, p. 235-6.
11. Sur le granit, E, IV, 1, p. 41 sq.
12. Vallois, *Nouvelles archives*, XXII, 1921, p. 201 sq., 207 ; E, XI, p. 185, note 5 ; BCH, XLVIII, 1924, p. 245.
13. E, XI, p. 210.

Les pierres des objets mobiliers sont aussi diverses. Les habitants préhelléniques du Cynthe utilisent le marbre, le granit, le gneiss ; des galets de granit ramassés sur le rivage leur fournissent des meulettes [1], et le marbre blanc, de petites coupes, des aiguisoirs, des mortiers [2]. Les objets mobiliers des temps hellénistiques et gréco-romains sont taillés dans le granit, l'andésite, sorte de lave, le marbre, matières de provenance locale ou étrangère [3]. Les matières dures et à gros grains, lave [4], granit, etc., servent surtout aux instruments domestiques qui doivent être particulièrement résistants, broyeurs, moulins, mortiers.

31. — *Ateliers de céramique.* — Une île aussi peuplée que Délos ne peut être privée d'ateliers céramiques qui lui fournissent les produits d'usage courant. Assurément, Délos ne possède pas de gisements de bonne argile plastique [5], mais ce n'est pas une raison suffisante pour lui dénier toute activité de ce genre [6], car la matière — et ce fut souvent le cas ailleurs — pouvait être importée [7].

Les inscriptions mentionnent parfois des κεραμεῖα [8], et un domaine sacré, dénommé κεραμεῖον, doit cette appellation à la présence d'un atelier de céramique. Situé dans la plaine entre le Cynthe et les collines septentrionales, Euphantos y possède des tuileries (κεραμεῖα), qui lui sont confisquées en

1. E, XI, p. 26.
2. *Ibid.*, p. 27.
3. E, VIII, 1, p. 226, 2, p. 235 ; andésite, voir plus haut.
4. Les broyeurs en lave de Priène sont peut-être taillés dans la lave des carrières d'Erythrae ; ceux d'Olynthe dans une lave provenant peut-être d'une place voisine, *Excav. at Olynthus*, II, p. 68, 69.
5. BCH, XXXVI, 1912, p. 145 ; E, VIII, 1, p. 213-4.
6. On parle de la « prétendue » industrie céramique à Délos à l'époque hellénistique, BCH, XXXVI, 1912, p. 145 ; Hatzfeld, *Les trafiquants*, p. 32, note 1.
7. BCH, XXXII, 1908, p. 160-1 ; XXXVI, 1912, p. 145.
8. Κεραμεῖον signifie aussi une mesure de capacité pour la poix, contenue dans un récipient de terre, REG, 1913, p. 26. Un compte porte une recette de poterie, κεράμου ; il est difficile de dire en quoi elle consiste, peut-être provient-elle de la vente de vases d'argile vides, BCH, XXIX, 1905, p. 529 ; Blümner, *Die gewerbliche Tätigkeit*, p. 92, note 1 ; Francotte, *L'Industrie dans la Grèce ancienne*, I, p. 116 ; CIG, 158 ; Michel, 577, l. 44.

375, en punition d'un attentat sacrilège sur les Amphyctions ; le temple garde le terrain et le met en location [1].

Dans les habitations préhelléniques du Cynthe, des blocs de marbre, avec cavités circulaires, ont pu servir, pense-t-on, à des tournettes de potiers [2]. La maison B de l'Insula VI, dans le quartier du théâtre, renfermait-elle un atelier de potier ? Dans un angle de la salle g, un bassin aurait conservé l'argile humide ; dans l'angle opposé, ce sont les restes d'un four ; on y a trouvé des blocs d'argile, des boules de couleurs, une quantité d'objets en terre cuite, statuettes, vases, lampes. L'atelier aurait été abandonné lors du sac de 88, et les pièces brisées auraient été laissées sur place [3]. Une boutique de l'Agora des Italiens, avec des statuettes de terre cuite, des moules et des boules d'argile plastique non employées, était peut-être celle d'un coroplathe [4].

Quels sont les produits des potiers de Délos ? Ils modèlent des *briques* et des *tuiles* de toiture pour les nombreuses constructions de l'île [5] ; de la *vaisselle courante,* et nul doute que l'étude de la céramique commune, qui n'a point été encore faite, ne décèle des produits locaux à côté de nombreuses importations.

Délos ne façonne pas d'*amphores* [6], qui viennent de Cnide, de Rhodes, d'Italie. Celles qui portent la marque d'Ariston, et que l'on a voulu attribuer au potier de ce nom dont on possède à Délos de nombreuses lampes [7], sont rhodiennes [8]. Les signatures d'autres potiers, relevées sur des lampes, Asklépiadès, Ménémachos, ne se retrouvent sur aucune anse

1. BCH, XIV, 1890, p. 428 ; Durrbach, *Inscr. de Délos,* N° 374, p. 22, ab. 1. En 200.
2. E, XI, p. 28.
3. E, VIII, 1, p. 52, 53, 214, 221.
4. CRAI, 1905, p. 776.
5. Larsen, The price of tiles at Delos from 210 to 180, B. C., Class. Phil., 1941, 156 (documents épigraphiques relatifs aux prix des tuiles pour toitures).
6. BCH, XXXVI, 1912, p. 145 ; E, VIII, 2, p. 320.
7. Toutefois, M. Courby suppose qu'Ariston est un fabricant rhodien établi à Délos. *Vases grecs à reliefs,* p. 365, N° 8, p. 372 sq ; E, VIII, 2, p. 320, note 1.
8. BCH, XXVI, 1912, p. 145, note 2 ; E, VIII, 2, p. 320, note 1.

d'amphore [1], et si Trebius Loisius trafique à Délos, du moins se borne-t-il à y importer les amphores siciliennes à son nom [2].

Les *réchauds* en terre cuite abondent à Délos [3]. Si l'on n'a point encore réussi à en fixer avec certitude le centre de fabrication, on peut du moins, avec quelque vraisemblance, les attribuer aux ateliers de l'île [4].

Dans la céramique archaïque, des vases géométriques ont été sans doute fabriqués à Rhénée [5], d'autres à Délos même [6]; des vases orientalisants sont peut-être déliens ou rhénéens [7]; les vases dits méliens pourraient être déliens, car on en a trouvé en grand nombre dans l'île et à Rhénée, et ce sont les deux seuls endroits qui ont fourni des vases protoméliens [8].

Dans son ouvrage sur « Les vases grecs à reliefs » [9], M. Courby étudie la céramique hellénistique trouvée dans l'île, vases noirs à décor estampé du IVe siècle [10], vases à repeints blancs et roses de la fin du IVe siècle [11], vases à médaillons, du milieu du IVe siècle à la fin de l'hellénisme [12], et surtout les bols à reliefs, dont l'abondance « est une caractéristique des ruines ». A Délos, ce type de vase « semble avoir tenu la place de toute autre vaisselle et y avoir

---

1. E, VIII, 2, p. 320, note 1.

2. Voir plus haut, n° 14.

3. Sur les réchauds de Délos, Mayence, Les réchauds en terre cuite, BCH, XXIX, 1905, p. 373 ; Bakalakis, Un réchaud d'un nouveau type à Délos, *ibid.*, LVIII, 1934, p. 203.

4. Conze, JDAI, 1890, p. 137 ; BCH, 29, 1905, p. 379 ; DCA, p. 30, note 1. On a pensé que les réchauds signés par Hécatée sont des produits déliens, JDAI, 1890, p. 141 ; Perdrizet, *Terres cuites grecques d'Egypte*, p. 86.

5. BCH, XXXV, 1911, p. 387-8, 360, par. 2.

6. *Ibid.*, p. 388, 361, par. 3.

7. *Ibid.*, p. 393, 408.

8. *Ibid.*, p. 421 ; Vases protoméliens, BCH, XXXVI, 1911, 351, 381, 392 ; méliens, *ibid.*, p. 351, 408. — Sur ces diverses séries, Dugas, *Les céramiques des Cyclades*, 1925.

9. Courby, *Les vases grecs à reliefs*, 1922.

10. *Ibid.*, p. 175, note 1.

11. *Ibid.*, p. 186.

12. *Ibid.*, p. 224, N° 2 ; 231, N° 11 A ; 233, N° 13 B; 234, N° 15 B, N° C, D ; p. 246, N° 34, p. 258. Date, p. 256.

constitué l'unique industrie céramique »[1]. Dans cet ensemble, on distingue des importations d'Athènes, de Crimée, d'Italie[2], d'Asie-Mineure[3], mais la plus grande partie des vases à reliefs, les bols moulés à bords rentrés[4], sont des œuvres de l'industrie délienne, et Délos aurait été un des centres les plus importants de cette technique, exportant ses produits dans tout le monde hellénistique[5]. M. Courby note minutieusement les caractéristiques de la fabrique délienne[6], qui s'inspire volontiers de prototypes alexandrins et de l'art de la vieille Egypte[7], le répertoire de ses motifs[8], dont beaucoup sont communs à toute cette classe céramique, mais dont quelques-uns sont locaux[9] ; il relève les signatures de ses fabricants[10]. Ceux-ci ont parfois imité, avec la terre et la couverte des bols, la technique des vases à reliefs d'appliques de fabrication pergaménienne ; parmi les fragments de type pergaménien, les uns sont importés[11], les autres résultent de ces tentatives locales[12], dont témoigne la présence d'un moule pour façonner des coquilles[13]. C'est vers

1. *Ibid.*, p. 437. — Schwabacher, Hellenistische Reliefkeramik im Kerameikos, AJA, XLV, 1941, 223, note 1, estime que Courby a exagéré l'importance de Délos comme centre de fabrication de vases à reliefs.
2. *Ibid.*, p. 436, 395 (Russie).
3. *Ibid.*, p. 489 sq.
4. BCH, XXXVII, 1913, p. 434.
5. Aire de dispersion, Courby, *Les vases grecs à reliefs*, p. 396, 437.
On en a trouvé en Roumanie : *Ephemeris Dacoromana*, II, 1924, p. 398, n° 8, 9, 10, 11, 12, fig. 14-19 ; Dimitrescu, *Un vase délien d'importation trouvé près de Fundeni*, Mélanges Parvan, 1934, p. 121 sq. (bol à relief, trouvé près de Bucarest, sans doute importé de Délos ; d'autre part on a trouvé à Crasani deux fragments de moules ; Parvan et Andriescu ont conclu que certains vases de types déliens trouvés en Roumanie ont pu sortir d'ateliers locaux.
6. *Ibid.*, p. 378 sq. Fabrique de Délos.
7. *Ibid.*, p. 434.
8. *Ibid.*, p. 378 sq.
9. *Ibid.*, p. 391.
10. *Ibid.*, p. 393-4 et fig. 83 ; sur Ménémachos, cf. *Mélanges Ecole de Rome*, XLVI, 1929, p. 63.
11. *Ibid.*, p. 451 sq., 463 ; BCH, 37, 1913, p. 434.
12. *Ibid.*, p. 477, 486-7 ; BCH, 37, 1913, p. 434-5.
13. E, XVIII, pl. I, n° 4. — Ces coquilles moulées formaient les supports de vases de type pergaménien, motif employé dès la fin du IVe siècle.
Inv. 7594, B 351. A l'ouest de l'oikos de Dionysos, BCH, 37, 1913, p. 423, N° 721, fig. 6 ; Courby, *op. l.*, p. 470, 486.
Elles imitent les coquilles en bronze des vases métalliques, dont Délos

25o avant J.-C. que l'industrie des bols à reliefs commence
à Délos, et sa période la plus active se place au IIe siècle.
Elle dure encore en 88 av. J.-C. ; fortement ralentie par le
sac de Mithridate, elle ne semble cependant pas avoir complètement cessé, et il est possible que vers l'an 3o av. J.-C.
les bols à reliefs des fabriques déliennes sont encore en
usage [1].

D'où proviennent les *lagynoi,* ces bouteilles en terre cuite,
recouvertes de peinture blanche à rehauts polychromes, dont
la fabrication débute vers la seconde moitié du IIIe siècle ? [2].
Délos en possède plusieurs spécimens du milieu du Ier s. av.
J.-C. [3], et d'une technique étroitement apparentée à celle des
petits brûle-parfums [4]. Faut-il en situer le centre dans
l'Orient de la Grèce, en Chypre, en Syrie, en des ateliers
divers [5] ?

La céramique hellénistique polychrome est aussi représentée à Délos par des vases à polychromie sur fond noir,
contemporains des lagynoi [6], qui trouvent du reste dans l'île
des antécédents archaïques [7]. Quelle est la part des ateliers
déliens dans cette production ou dans son expansion ?
M. Picard pense que « c'est en des centres comme Délos que
l'imitation italiote a pu trouver des modèles, non seulement
pour le style dit de Gnathia, mais pour le décor polychrome
sur fond clair », et que « Canosa a emprunté sa technique
à l'Orient grec » [8].

Nous mettrons au compte des potiers déliens la fabrica-

a livré plusieurs exemplaires : A 15 (2 ex. haut. o.o45) ; A 344-7768
(o.o49) ; A 565 (o.o45) ; A 2895 (o.o4) ; A 2896 (o.o4) ; B 448o
(o.o3) ; B 4484 (o.o35) ; B 5979-868 (o.o5) ; B 598o-7o9o (o.o45).

1. Sur ces dates, Courby, *op. l.,* p. 397-8 ; BCH, 37, 1913, p. 437,
note 1.

2. Leroux, *Lagynos, Recherches sur la céramique et l'art ornemental
hellénistique,* 1913, p. 101 ; Picard, Questions de céramique hellénistique, RA, 1913, II, p. 161, I, Lagynos ; DA, s. v. Vasa, p. 655.

3. Lagynoi de Délos, Leroux, p. 15 sq. ; date, p. 102.

4. E, XVIII, n° 191.

5. Leroux, *op. l.,* p. 103-4.

6. Picard, RA, 1913, II, p. 164 sq.

7. *Ibid.,* p. 178, Les origines archaïques.

8. RA, 1913, II, p. 164 ; RM, 1914, p. 116 ; Wuilleumier, *Mélanges
Ecole de Rome,* XLVI, 1929, p. 74.

tion de *figurines* en terre cuite[1], pour lesquelles nous possédons plusieurs moules. Une *grande tête en argile*[2] de la fin du IIIe s., répétant quelque prototype du IIIe siècle, est le seul représentant de la statuaire en terre cuite, technique que la Grèce n'a pratiquée que rarement depuis l'archaïsme, mais qui renaît aux temps hellénistiques et qui est surtout en usage en Italie[3]. M. Picard, reconnaissant l'argile jaune verdâtre qui est employée par certaines séries de céramiques locales, admet que ce monument a été modelé dans l'île même, et que, dans le domaine de la *plastice* comme en d'autres, « Délos a pu servir d'intermédiaire entre la Grèce et l'Italie. » Des *moules* en argile pour pains n'ont pas nécessairement été exécutés dans l'île et ont pu y être importés[4].

La majorité des nombreuses *lampes* trouvées à Délos, datant des temps hellénistiques et romains, doit être attribuée aux ateliers déliens ; beaucoup présentent les mêmes caractères de technique et de décor que les bols à reliefs, et les noms de leurs auteurs sont parfois aussi ceux des signataires de bols. D'autre part, la découverte de plusieurs moules pour lampes atteste la fabrication locale des produits qu'on en tirait[5]. On a repéré un atelier de modeleur d'argile dans un magasin au côté S. de l'Agora des Italiens[6].

32. — *Orfèvrerie.* — De nombreux bijoutiers et orfèvres exécutent à Délos les ex-voto que les fidèles consacrent dans les temples et dont les inventaires donnent de fréquentes mentions, les bijoux dont les femmes déliennes se parent[7].

1. L'étude des statuettes en terre cuite de Délos, que j'avais commencée jadis, a été poursuivie par M. Laumonier, BCH, XLV, 1921, p. 535 ; XLVI, 1922, p. 520 ; CRAI, 1927, p. 165.

2. Trouvée à l'Est du Lac Sacré ; CRAI, 1911, p. 868-9, fig. 7-8, p. 871 ; DCA, p. 30, note 1 ; MP, XXIV, 1920, p. 87-9, fig. 1 ; RAAM, 34, 1913, p. 131.

3. Deonna, *Les statues de terre cuite en Grèce*, 1906 ; id., *Les statues de terre cuite dans l'antiquité*, 1907.

4. E, XVIII, n° 115.

5. Sur les lampes de Délos, Deonna, Les lampes antiques trouvées à Délos, BCH, XXXII, 1908, 133 ; id., Deux potiers de l'époque hellénistique : Asklépiadès et Ariston, REG, XX, 1907, 1.

6. Magasin n° 80, avec figurines et terre cuite, et morceaux d'argile non cuite, E, XIX, 1939, Lapalus, L'Agora des Italiens, 63, n° 80.

7. E, XVIII, chap. XXIX.

matériel nécessaire aux constructions sacrées ou laïques [1], et subvenaient aux besoins multiples de la population en objets usuels ou décoratifs. Et l'on peut penser que la destruction de Corinthe en 146 favorisa à Délos l'art des bronziers en supprimant une redoutable concurrence [2].

Les inscriptions mentionnent un atelier de bronzier, un χαλκεῖον [3], et les noms de quelques ouvriers en bronze [4], tels Démétrios [5], Dexios, Σωτὰς χαλκεύς [6], locataire d'une maison sacrée en 209.

C'est à la fonte de petits vases en bronze ou en plomb que servent des moules en pierre calcaire [7].

Mais les fonderies repérées en quelques points de la fouille n'ont vraisemblablement fonctionné qu'après les catastrophes du début du Ier siècle av. J.-C., pour tirer parti des débris de bronze abandonnés dans les ruines [8].

Les fouilles n'ont donné que peu d'objets en bronze [9], fait

1. Fournitures de clous, etc., souvent mentionnées dans les inventaires : ἧλοι ἐπὶ τὴν θύραν τοῦ Ἀφροδισίου, BCH, XXVII, 1903, p. 73, etc.

2. MP, XXIV, 1920, p. 100.

3. CIG, 158 ; Michel, 577, l. 44 ; Francotte, L'industrie, I, p. 116, note 1 ; Blümner, Die gewerbliche Tätigkeit, p. 92, note 1.

4. Voir plus loin, n° 34.

5. Il fournit des clous, des gonds, pour le Porinos Oikos, BCH, XLV, 1921, p. 188 ; E, XII, p. 210, 231 ; Homolle, Les Archives, p. 125.

6. Homolle, Les Archives, n° XXXV, l. 54 ; BCH, XXXV, 1911, p. 39, l. 16-7 ; REG, 1914, p. 141 ; Mélanges Glotz, II, p. 520.

7. BCH, LXII, 1938, 209. — B 323 ; B 565 ; B 3883 ; B 3884 ; B 3885 (E, XVIII, pl. n° 2) ; B 3887 ; B 3888 (E, XVIII, pl. n° 1) ; B 3889 (E, XVIII, pl. n° 3) ; B 4164 ; B 4165 ; B 4166 ; B 4395. Plusieurs répètent les mêmes formes, ex. B 3885, B 3887, B 3888. Signalons ici des petits vases, d'une forme arrondie, voisine de celle que donne un de ces moules (E, XVIII, pl. n° 7) ; — 1894, Péribole, construction à l'Est des bases d'Héphestion. Plomb. Haut. 0.095 ; diam. sup. 0.09 (E, XVIII, pl. n° 9) ; — 7092, Plomb. Haut. 0.10, diam. 0.11, Cabossé. Cf. Catal. général des ant. du Musée du Caire, Von Bissing, Metallgefässe, p. 48, N° 3522 (E, XVIII, pl. n° 8) ; B 3890, B 3891. Au sud de la maison de l'Inopos. Deux vases en plomb ; haut. 0.05 ; diam. 0.055. — S. n. Petit vase en bronze, très mince, haut. 0.07 ; diam. 0.07. Cf. Olympia, IV, pl. LIII, N° 888 ; von Bissing, op. l., p. 48, N° 3520 ; p. 51, N° 3530 (E, XVIII, pl. n° 7).

8. Voir plus loin, n° 79.

9. Ex. BCH, 1882, p. 127 ; 1891, p. 158 ; XXX, 1906, p. 606 ; MP, XXIV, 1920, p. 85-6.

qui n'est pas particulier à l'île [1], car cette matière précieuse était souvent refondue, emportée par les habitants qui quittaient leurs demeures, enlevée par les pillards. Dans le gymnase, on n'a retrouvé aucun des bronzes mentionnés dans l'inventaire de Kallistratos (156-5), mais parfois seulement les bases qui les supportaient [2].

Çà et là, on a recueilli des clous [3], des tourillons et crapaudines pour gonds de portes [4], des ornements de portes [5], des fragments informes d'usage architectural et industriel ; dans la série mobilière, des vases [6] et des anses de vases [7], des débris de trépieds, des petites lampes, des fibules, des aiguilles, des bagues, des anneaux, etc..., objets dont quelques-uns ont été décrits à leur place respective.

Ce sont aussi, en petit nombre, des figurines provenant des sanctuaires et des demeures. Quant à la grande plastique, elle est représentée par le beau portrait de Romain, selon Avezou, de Grec ou de Syrien, selon Picard, Michalowski, trouvé dans la vieille palestre [8], par le relief d'Artémis et des

1. Ex. à Priène, Wiegand, *Priene*, p. 329.
2. BCH, 54, 1930, p. 105. Sur les palestres et le gymnase de Délos, E, XVIII, nᵒ 171-2.
3. Maisons, BCH, XIX, 1895, p. 475 ; E, VIII, 2, p. 158.
4. Maisons, BCH, XIX, 1895, p. 475, fig. 2 ; E, VIII, 2, p. 285, fig. 157, 265.
5. Têtes de clous, revêtements de coffres ou plutôt de portes, quartier du théâtre, IV, B ; E, VIII, 1, p. 230, fig. 111 ; p. 231 ; VIII, 2, p. 286.
6. Quelques découvertes de vases sont mentionnées : BCH, VIII, 1884, p. 169, Nᵒ 3 (vase en bronze sans ornement, avec anse, haut. 0.24) ; *Archives des missions*, XIII, 1887, p. 404 (fragments de vases ou de chaudrons en bronze) ; BCH, 48, 1924, p. 259 (fragments de lébès en bronze, près de l'Artémision).
7. Ex. anses de vases en forme de feuilles de lierre, quartier du théâtre, BCH, XX, 1896, p. 318 ; E, VIII, 1, p. 231.
8. CRAI, 1912, p. 510 ; RAAM, 1913, XXXIV, p. 130-1, fig. 10, p. 83, pl. 3 ; GBA, 1922, I, p. 122, fig. ; MP, XXII, 1917, p. 175, pl. 17 ; Picard, Portrait d'homme inconnu, tête de bronze trouvée par Ch. Avezou dans la vieille palestre de Délos, MP, XXIV, 1920, p. 83 sq. ; Poulsen, *Ikonographische Miszellen*, pl. 17-19 ; AA., 1921, 36, p. 338 ; Début du Iᵉʳ s. av. J.-C. selon Avezou ; milieu du IIᵉ s., selon Picard, MP, XXIV, 1920, p. 98.
Cette tête a été étudiée en dernier lieu par Michalowski, E, XIII, 1932, p. 1 sq., référ., pl. I-VI, qui la date de la première moitié du IIᵉ s. Cet auteur fait observer que « sans la découverte de cette tête,

aussi bien pour la fonte de vases en plomb que de vases en
bronze. Un bloc cubique en marbre blanc, creusé sur trois de
ses faces, est un moule pour petits ex-voto de plomb ; on y
voit une amphore, une corne d'abondance, un hermès [1], semblables à ceux que les fouilles ont livré en plusieurs exemplaires [2]. Avec une plaque de schiste, on obtenait des anneaux [3].

36. — Travail du bois. — Les administrateurs du sanctuaire achètent du bois pour les constructions et pour divers
objets mobiliers, lits, tables, sièges, etc. ; ils citent les noms
des charpentiers et des menuisiers qui ouvrent cette matière,
tels Phanéas qui travaille au plafond du Porinos Oikos [4],
Antikos, vers 274 [5] ; ils indiquent les essences employées [6],
parfois même du bois d'ébène [7]. Les demeures privées recou-
rent, elles aussi, aux nombreux artisans de cette corporation.

C'est dans le bois que l'on taille les plus anciennes effigies
des dieux, ces ἀγάλματα ἀρχαικὰ ξύλινα, que mentionne un inventaire postérieur à 166 [8]. Le Létôon en
renferme une, ξύλινον ἄμορφον ; selon le délien Sémos,
elle fit par son aspect grotesque éclater de rire un homme
qui ne riait plus depuis des années ; l'inventaire de ce temple
atteste, en effet, que la statue était en bois, τὸ ἄγαλμα τῆς
θεοῦ ξύλινον [9]. Pausanias signale le xoanon d'Aphrodite [10],

1. B 3327. Maison au S. de l'Agora Tétragone. Dimensions, 0,07.
0,065, 0,045. Amphore, haut. 0,07 ; corne d'abondance, haut. 0,055 ;
hermès, dont le moule ne donne que le revers, haut. 0,065. E, XVIII.
pl. n° 6 ; n° 158, g.
2. E, XVIII, n° 176.
3. B 1003-5945. Long. 0,055, haut. 0,04. Provenance : A l'Ouest
de l'Agora Tétragone. Deux anneaux y sont creusés avec canal d'écou-
lement pour le métal en fusion.
4. E, XII, p. 209, 231.
5. BCH, LIII, 1929, p. 313.
6. Voir plus haut, n° 14.
7. Ex. BCH, XXXII, 1908, p. 78, l. 4, p. 81, ἐβένου μναῖ ;
Durrbach, Inscr. de Délos, N° 443, p. 184, l. 89.
8. DCA, p. 397, N° XVI.
9. E, XI, p. 125, note 1 ; DCA, p. 221, note 4 ; BCH, XLV, 1921,
p. 230 (Kallistratos, 156-5) ; LIII, 1929, p. 205-6. La statue existait
encore au IIe s. ; la déesse était assise sur un trône aussi en bois,
vêtue d'un chiton et d'un himation de lin. Cf. E, XVIII, n° 3, 130.
10. Paus., IX, 40, 34.

et raconte qu'un autre xoanon, consacré par Erysichthon, fut jeté à la mer par Ménophane, le général de Mithridate, lors du pillage de l'île [1]. C'est de Délos qu'Erysichthon avait apporté à Athènes celui d'Eileithyia [2].

L'usage des xoana persiste longtemps. Une inscription du temple de Zeus Cynthien apprend que Charmikos en a dédié un à Zeus et à Athéna [3], et au début du IIIᵉ siècle un prêtre en consacre un autre dans l'Asklepieion [4]. Toutefois, c'est une erreur de Lebègue de reconnaître devant l'antre du Cynthe la base d'un xoanon [5]. Dans leur temple, les images des Dioscures sont en bois [6] ; en 274 on charge le charpentier Antikos de tailler les statues en bois de Poseidon Nauclarios et d'Hermès [7], et c'est en cette matière que chaque année on taille le phallus et la statue de Dionysos portés solennellement lors des Dionysia [8].

D'autres images sont *acrolithes*, ἀγάλματα ἀκρόλιθα [9] ; leurs extrémités seules sont taillées dans la pierre, le reste est en bois, dissimulé sous des vêtements. Telles sont les deux statues de culte d'Héra, dans l'Héraion [10], τὰ δύο ἀκρόλιθα ἠμφιεσμένα λίνοις ; celles de Déméter et de Koré, avec des couronnes en bois doré [11], στεφάνας ξυλίνας ἐπιχρύσους. Les fouilles du temple de Zeus Cynthien ont livré quelques fragments de grandes statues acrolithes [12], du IIᵉ siècle. Mais on donne aussi aux statues de marbre des attributs en bois [13].

Dans les sanctuaires, on consacre maint ex-voto en bois, parfois doré pour dissimuler l'indigence de la matière :

1. BCH, III, 1879, p. 103.
2. *Paus.*, I, 18, 5 ; E, XI, p. 306.
3. E, XI, p. 125 ; Lebègue, *Recherches*, p. 160, Nᵒ xiv.
4. BCH, L, 1926, p. 571 ; E, XI, p. 135, note 1.
5. E, XI, p. 242, note 2.
6. DCA, p. 231.
7. Cf. plus loin, nᵒ 53.
8. BCH, XIV, 502 ; XXXII, p. 37 ; XXXIV, 177 ; DCA, p. 234 ; E, XVIII, nᵒ 179.
9. BCH, II, 1878, p. 325, l. 6.
10. DCA, p. 245 ; E, XI, p. 213-4 (Métrophanès, 146-5).
11. DCA, p. 243, note 4 (156-5).
12. E, XI, p. 124-5, fig. 87.
13. Une statue en marbre d'Aphrodite a, dans la main droite, une phiale en bois doré. DCA, p. 241.

statuettes [1], objets mobiliers divers, tels que cassettes, planchettes sur lesquelles sont fixés les dons, etc. ; nous en
avons cité ailleurs [2] des exemples.

Il ne reste que peu de chose de cette matière périssable.
Dans le sanctuaire d'Artémis (entre le mur de l'édifice E et
des fondations hellénistiques, sous un blocage de gneiss),
parmi divers objets mycéniens et archaïques témoignant de
la haute antiquité de ce dépôt, des débris de bois proviennent sans doute d'ex-voto : « volutes opposées avec couronne-
ment en croissant bordé intérieurement d'une lamelle d'or,
cercles conjugués avec œil incrusté d'or, cercles concentriques » [3].

Les fouilles de la grande palestre, en 1913, ont livré des
restes en bois [4], dont les uns sont informes [5], dont les autres,
tournés et moulurés [6], proviennent de meubles. Quelques-uns [7],
en boules et en balustres [8], paraissent en avoir formé le cou-
ronnement ; d'autres adhèrent encore à des douilles en bronze
à bord dentelé, de destination imprécise [9]. Les fragments
d'autres provenances sont rares [10]. Maisons et magasins ont
aussi fourni des morceaux de bois calciné [11].

1. Ex. BCH, XXIX, 1905, p. 479, ἀνδριάντιον ξύλινον ἐπίχρυσον.
2. E, XVIII, passim.
3. BCH, LII, 1928, p. 498 ; CRA, 1928, p. 328-9 ; voir le plan,
BCH, 1921, pl. III-IV.
4. B 4491-4515. E, XVIII, pl. no 612-621.
5. Fragments de petites poutres, B 4498, 4512.
6. B 4492, avec cercles concentriques. Haut. 0.03.
   B 4500, haut. 0.135.
   B 4505, percé d'un trou. Haut. 0.03.
   B 4506, le dessous est percé de deux trous ; cercles concentriques.
Haut. 0.03.
7. B 4501, avec cercle au milieu du renflement et tenon à la partie
inférieure. Long. 0.085.
   B 4502, avec tenon au bas. Haut. 0.05 ; diam. 0.05.
   B 4504, haut. 0.04.
   B 4503, avec cercles concentriques. Haut. 0.042 ; diam. 0.025.
8. Comparer pour la forme une petite balustre en bronze, sans doute
détachée de quelque objet mobilier. B 3997. Maison au S. de l'Agora
Tétragone. Long. 0.06. E, XVIII, p. 242, fig. 272.
9. B 4511, trois douilles de bronze avec restes de bois. Diam. 0.085.
10. B 1646, disque plat, mouluré, diam. 0.05.
11. Maison du Dionysos, BCH, 30, 1906, p. 496 ; magasin δ, ibid.,
p. 647, note 6.

37. — *Mosaïstes*. — Les mosaïstes décorent les temples
et les maisons de Délos de pavements, les uns grossiers, les
autres élégants [1]. Quelques-uns sont d'origine orientale, tels
Asklépiadès d'Arados, l'auteur de la mosaïque de la maison
des Dauphins [2] et peut-être aussi de la mosaïque avec
Dionysos sur la panthère, dans la maison dite des « masques », les autres mosaïques de cette demeure étant confiées
à son atelier [3] ; Antaios, qui exécute la mosaïque dédiée par
Midas dans le sanctuaire des dieux syriens, peut-être originaire d'Hiérapolis [4]. C'est sans doute à un de ses compa-
triotes que Démétrios de Sidon s'adresse quand il offre en
130-129 une mosaïque ou un simple pavement à la chapelle
d'Anoubis [5]. Une volute en plomb a été utilisée vraisemblablement par un mosaïste pour tracer les contours de cet
ornement, banal sur ce genre de monuments [6].

38. — *Peintres*. — Les peintres revêtent de couleurs les
pierres et les bois des temples et des maisons privées, tracent sur les murs des fresques et, sur les autels domestiques,
les scènes rituelles [7], peignent les statues [8], les tableaux votifs,

1. Bulard, Peintures murales et mosaïques de Délos, MP, XIV, 1908.
2. Ibid., p. 193, 197-8, pl. XII-XIII ; DCA, p. 86, 85, note 2 ;
Bulard, La religion domestique, p. 225 ; MP, XIV, 1908, p. 193 ;
E, VIII, p. 404 ; VI, p. 120, note 1 ; *Syria*, XIV, 1933, p. 320; Roussel-Launey, *Inscr. de Délos*, 1937, no 2497.
3. Picard, GBA, 1933, 1, p. 207, pl., id. ; *Syria*, XIV, 1933, p. 320;
BCH, LVII, 1933, p. 129, 142 ; E, XIV, p. 13, 19, 38, 40 ; dans la
salle avec la mosaïque à l'amphore, les dauphins sont traités comme
ceux de la mosaïque des Dauphins. *Ibid.*, p. 39-40.
4. BCH, VII, 1883, p. 280 ; DCA, p. 84, 85, note 2 ; cf. p. 311,
note 1.
5. CE, p. 131, no 81 ; 264.
6. E, XVIII, no 105, l.
7. Bulard, Peintures murales et mosaïques de Délos, MP, XIV, 1908;
id., E, IX, Description et revêtements peints à sujets religieux ; id.,
*La religion domestique dans la colonie romaine de Délos, d'après les
peintures murales et les autels historiés*, 1926.
8. Sur la κήρωσις, γάνωσις, ἔγκαυσις, peinture à l'encaustique, ver-
nissage des statues, les textes déliens sont nombreux et mentionnent fréquemment cette dépense. Ganosis de la statue d'Apollon, BCH, XIV,
1890, p. 497 ; XXXIV, 1910, p. 179 ; XXXII, 1908, p. 46. Peinture
du phallos des Dionysies, BCH, XLVI, 1922, p. 102. Cf. encore, BCH,
XIV, 1890, p. 503 ; Durrbach, *Inscr. de Délos*, No 290, p. 15 ; p. 130,
148-50, 151-4.

culture diminue avec le temps. Délos ne peut assurément suffire à sa consommation en vin, pas plus qu'en huile, et importe cette boisson [1]. Rappelons qu'un règlement rituel du culte d'Isis enjoint l'abstention de vin [2]. Un domaine est dénommé φυταλιά ; on appelle ainsi un lieu planté en vergers ou en vignobles, par opposition aux terres labourées [3].

Pâturages. — Un autre domaine est dit λειμών, terme qui désigne une prairie, un lieu propre à l'élevage, mais « il est difficile, dans l'état de désolation où est tombée Délos, et sous les pierres qui la couvrent presque tout entière, de trouver un endroit qui réponde à cette description » [4] ; il est vrai que ce domaine n'était pas nécessairement situé dans l'île même, mais peut-être à Myconos ou à Rhénée.

Légumes, céréales. — Les Déliens cultivent-ils les légumes ordinaires qui servent à leur nourriture ? En tout cas, les comptes mentionnent souvent les dépenses faites en pois chiches, fèves, sésame, etc., pour la nourriture des ouvriers ou pour les festins rituels [5]. Mais la maigre terre délienne ne peut subvenir aux besoins de la population nombreuse, pas plus en légumes frais ou secs qu'en céréales [6], et les deux épis de blé qui décorent le diadème d'Isis assimilée à Déméter [7], les épis d'or offerts à Apollon, ne sont à Délos que purs symboles.

n° 351, p. 120, l. 6, n° 373, p. 19, l. 5 ; DA, Vinum, p. 914, note 36 ; IG, XI, 287, l. 153 sq.

1. Voir plus haut, n° 14.
2. BCH, VI, 1882, p. 350, n° 79 ; *Mélanges Holleaux*, p. 272.
3. BCH, XIV, 1890, p. 480.
4. BCH, XIV, 1890, p. 428.
5. Ex. Durrbach, *Inscriptions de Délos*, n° 461, p. 270, l. 53 (en 169), ἐρέβινθοι καὶ κύαμοι ; n° 464, p. 279, l. 15 (vers 170), ἐρέβινθοι, σήσαμα, μέλι.. λάχανα, κάρυα, etc. ; aux III° et II° siècles, comptes pour les Posideia et les Eileithyiaia, E, XI, p. 306, note 4 ; BCH, XXXIV, 1910, p. 141, 143.
Des « graines ovales allongées », mêlées à des os calcinés et à des cendres, ont été trouvées dans une petite fosse, devant l'antre du Cynthe, BCH, LV, 1931, p. 277, référ.
6. Commerce du blé, voir plus haut, n° 14.
7. Inventaire de 156-5, Durrbach-Roussel, *Inscr. de Délos*, n° 1417, p. 74, A II, l. 160. Bas-relief isiaque, BCH, XXXI, 1907, p. 524, fig. 23 ; CE, p. 275 et note 8, référ.

Fleurs, fruits. — Fleurs et fruits ont aussi leur rôle dans le culte[1], sont noués en guirlandes dont l'image paraît souvent sur les peintures murales[2], les mosaïques, les autels, comme dans l'ornementation banale de multiples objets mobiliers, tables[3], lampes, brûle-parfums[4], réchauds. Pour en protéger la maturité, on invoque la déesse Ὀπώρα, dont le nom se lit sur la tranche gauche d'une stèle funéraire, remployée sans doute comme dalle sous un autel consacré à cette divinité[5].

Protectrice de l'agriculture, Agathé Tyché paraît avoir conservé à Délos son caractère champêtre ; sa statue délienne porte une corne d'abondance dorée, et sur la tête une couronne de bronze[6].

44. — *Ex-voto végétaux*. — Les ex-voto déposés dans les temples ont souvent la forme de végétaux et de fruits[7]. Certaines de ces offrandes remplacent peut-être la dîme sur la récolte payée primitivement en nature[8], d'autres sont des symboles. Les χρυσοῦν θέρος, λήϊον χρυσοῦν, épis d'or[9], évoquent-ils la moisson mûrie par Apollon ? On voyait à Delphes une moisson d'or, ex-voto de Métaponte, et des offrandes analogues[10]. Un bouquet de 3 épis en or, œuvre d'un orfèvre du IVe siècle av. J.-C., trouvé dans une tombe de Syracuse, rappellerait plutôt le bouquet d'épis des prêtresses de Déméter et aurait la valeur d'un symbole de vie éternelle[11]. Dans des églises de Suède et de Finlande on con-

1. Offrandes de fruits dans le culte domestique, Bulard, *La religion domestique*, p. 77, 78.
2. Bulard, *op. l.*, p. 376.
3. E, XVIII, 58, nº 24.
4. E, XVIII, 377, nº 191.
5. BCH, XXXIII, 1909, p. 511, nº 30 ; Roussel-Launey, *Inscr. de Délos*, nº 2482.
6. DCA, p. 246 ; BCH, XLV, 1921, p. 267-8.
7. Usage de consacrer dans les temples des images de fruits et de fleurs, DA, Donarium, p. 375, note 160. — Ce genre d'offrandes à Délos, Deonna, Un ex-voto délien : la pivoine, *Homenagem a Martins Sarmento*, 1933, 108.
8. BCH, XV, 1891, p. 156 ; VI, 1882, p. 145, 146.
9. BCH, XV, 1891, p. 156 ; CIA, I, 161 ; DA, Donarium, p. 375, note 160 ; Apollo, p. 313.
10. La Coste-Messelière, *Au Musée de Delphes*, 1936, p. 29, note 4.
11. Wolters, Die goldenen Aehren, *Festschr. Loeb*, 1930, p. 111 sq.,

7

sacre des épis d'argent ou dorés, sans doute pour obtenir
une bonne récolte [1].

Voici des κρίθαι, grains d'orge [2]; des ῥόδα, roses en or,
en argent [3]; des μῆλα, pommes [4], ou vases en forme de
ce fruit, parfois avec dédicaces [5], quelques-unes pleines de
terre [6], en or ou en métal doré, argenté ; des ῥοαί, grenades, ou vases de cette apparence, en or, argent, métal
doré [7], fruit fréquent sur les peintures murales [8], où les

pl. XVI ; id., Gestalt und Sinn der Ähre in antiker Kunst, *Antike*,
1930, VI, p. 284 ; *Goldene Ähren in einem Grab bei Syrakus einer
Demeterpriesterinn*, AA, 51, 1936, 592 sq., figure ; *Boll. d'Arte*,
XXXI, 1938, p. 350, fig. 27.

1. Källström, *Silberne Ähren aus dem Mittelalter als kultische Gegen-
stände in schwedischen und finlandischen Kirchen*, XIVe Congrès Inter-
nat. Hist. de l'Art, 1936, Résumés, p. 70.

2. BCH, XV, 1891, p. 156.

3. BCH, X, 1886, p. 465, l. 100, ῥόδον χρυσοῦν ἐγ ξύλωι ἄστατον ;
XIV, 1890, p. 408, ῥόδον ἀργυροῦν ; XV, 1891, p. 143, ῥόδον ;
XXXII, 1908, p. 64, l. 21, ῥόδον καὶ ἄλλα χρυσᾶ παντοδαπά ; XXVII,
1903, p. 87, ῥόδον καὶ στέφανος ; Durrbach, *Inscriptions de Délos*,
no 298, p. 43, l. 127, στέφανον καὶ ῥόδον χρυσᾶ ; BCH, XXIX, 1905,
p. 512 ; XXXII, 1908, p. 64, l. 14-5, ῥόδον καὶ στέφανος χρυσᾶ Λυσάν-
δρου Λακεδαιμονίου σὺν τῶι ξύλωι ἐν ὧι τὸ ῥόδον ; même offrande,
σὺν τῶι ῥόδωι ; BCH, XV, 1891, p. 138.

4. BCH, X, 1886, p. 465, l. 105 (or) ; XIV, 1890, p. 406 ; XV,
1891, p. 133 ; XVI, 1891, p. 133, l. 41 ; XXIX, 1905, p. 479 (or) ;
XIV, 1890, p. 412, ἐπάργυρα ; XXVII, 1903, p. 88, ἐπίχρυσα ;
Durrbach, *Inscriptions de Délos*, no 298, p. 45, l. 170.

5. BCH, XV, 1891, p. 133 ; Pommes votives avec dédicaces, IG,
556, 558 ; DA, Donarium, p. 375, note 160 ; Deonna, Quelques croyances superstitieuses de la Grèce ancienne, II, La pomme d'Akontios et
de Kydippé, REG, XLII, 1929, p. 176.

6. BCH, XIV, 1890, p. 405 ; XXXII, 1908, p. 49, l. 13, μῆλα
χρυσᾶ, ἔνια πλήρη γῆς ; XXXII, 1908, p. 65, l. 27, μῆλα χρυσᾶ
ἔχοντα γῆν. Serait-ce le reste du noyau de fonte ?

7. BCH, XIV, 1890, p. 406, ῥοαὶ χρυσαῖ ; XV, 1891, p. 134, l. 44 ;
XXVII, 1903, p. 87 ; XXXII, 1908, p. 64, l. 21, ῥοαὶ ἐπίχρυσοι ἑπτά ;
Durrbach, *Inscriptions de Délos*, no 298, p. 45, l. 170, μῆλα καὶ ῥοάς.
Dans l'Héraion archaïque, de petites grenades en terre cuite, de style
insulaire, creuses, avec de petits cailloux formant grelot à l'intérieur,
sont des objets décoratifs ou des jouets, et sont suspendues au pla-
fond, aux murs. La grenade est l'attribut d'Héra. E, X, p. 9, 16, no 11,
25, no 40, 59, no 126, pl. VII, XXXVII ; E, XI, p. 168, fig. 128.
Les vases en forme de grenades sont fréquents dès l'archaïsme. AA,
XLIII, 1928, p. 385, no 79, fig. 199, référ.

8. E, IX, p. 60, no 30, pl. II, 2, p. 159, pl. XVIII b ; MP, XIV,
p. 83, fig. 25-6 ; Bulard, *La religion domestique*, p. 67, 238, note 2,
299, 354. Noter que ces grenades sont souvent groupées par trois.

esclaves le présentent sur un plateau avec d'autres au génie domestique [1], et qui constitue des bijoux [2]. Voici une κώδεια, vase en tête de pavot [3]; des πεντόροβοι, pivoines en or, en bronze doré, parfois associées à un serpent [4]; un ἐρίνεων χαλκωτόν, sans doute un figuier ou une figue de bronze [5]; une plante en or, limonium, λειμώνιον χρυσοῦν [6]; une vigne en or, ἄμπελος χρυσῆ [7], qui rappelle la vigne et le platane de même métal de Crésus, œuvre de Théodoros de Samos [8]. Puis ce sont des fleurs, ἀνθέμια [9], des couronnes de laurier, de lierre, de chêne, de vigne, de myrte [10], des phiales dont les ornements ressemblent à des glands, des dattes, des mûres [11], des bijoux dont les éléments ont l'aspect de fruits ou leur sont comparés [12].

1. E, IX, pl. XIX.
2. E, XVIII, n° 148.
3. Durrbach, *Inscriptions de Délos*, n° 298, p. 48, l. 165. Cf. E, XVIII, n° 148.
4. Durrbach, *Inscriptions de Délos*, n° 298, p. 44, l. 159 ; n° 300. p. 154, l. 6 ; BCH, XIV, 1890, p. 404, 405 ; XV, 1891, p. 129 ; XXVII, 1903, p. 88 ; XXXII, 1908, p. 12 ; p. 64, l. 29 : πεντόροβος, πεντόροβοι, πεντόροβος χρυσοῦς, πεντόροβος χαλκοῦς ἐπίχρυσος ; BCH, X, 1886, p. 465, ὄφις ἀργυροῦς πεντόροβον ἔχων χρυσοῦν περὶ τῶι αἰετῶι. Voir plus loin, serpents.
Sur cet ex-voto symbolique, Deonna, Un ex-voto délien, la pivoine, *Homenagem a Martins Sarmento*, 1933, p. 108.
5. BCH, XXXV, 1911, p. 16-7, l. 7. Ἐρίνεως, forme attique pour ἐρινέος, figuier, figue.
6. BCH, VI, 1882, p. 30, n° 11 ; Durrbach, *Inscriptions de Délos*. n° 442, p. 142, l. 11 ; n° 385, p. 32, l. 16 ; n° 421, p. 100, l. 30 ; n° 455, p. 220, l. 10 ; n° 461, p. 266, l. 14 ; n° 465, p. 281, l. 12.
7. BCH, VI, 1882, p. 146 ; X, 1886, p. 466, 474, l. 89-90 ; XIV, 1890, p. 406 ; XV, 1891, p. 129, 134 ; XXVII, 1903, p. 87 ; XXXII, 1908, p. 64, l. 19 ; Durrbach, *Inscriptions de Délos*, n° 295, p. 29, l. 11 ; n° 298, p. 44, l. 148 ; DA, Donarium, p. 369, note 89. Dans l'Artémision.
8. *Hérodote*, VII, 27.
9. BCH, X, 1886, p. 465, l. 105 ; XIX, 1890, p. 406 ; VI, 1882, p. 125. Seraient-ce des pièces de parure, des éléments de colliers ? E, XVIII, n° 157.
10. E, XVIII, n° 163-4.
11. Βατιακή, de βατία. ronce. Sans doute un vase décoré d'ornements en forme de mûres, comme d'autres le sont de glands, de dattes, βαλανωτή, καρυωτή, BCH, XV, 1891, p. 156. — Phiale καρυωτή, BCH, VI, 1882, p. 33, l. 40, 42 ; p. 37-8, l. 80-2.
12. E, XVIII, n° 148, 157.

45. — *Dédicaces d'instruments agricoles.* — A Délos où l'agriculture ne joue qu'un rôle insignifiant, on ne dédie que rarement dans les sanctuaires des instruments agricoles; tout au plus trouve-t-on la mention de harnachements en bois doré pour bœufs [1], φάλαρα ξύλινα κεχρυσωμένα βοῶν. Mais, lors des labourages d'automne et de printemps, on voue à Apollon l'εἰρεσίωνη, l'offrande symbolique de tous les fruits de la terre [2].

1. DCA, p. 402, l. 47-50.
2. BCH, XIV, 1890, p. 422 ; DCA, p. 278-9. M. Roussel reconnaît des jeunes gens porteurs de l'eiresioné sur des peintures murales, que M. Bulard interprète uniquement par les rites de la religion italique. Bulard, *La religion domestique*, p. 209, note 4. Sur l'eiresioné, DA, Eiresioné, p. 497.

VII. — Métiers des Déliens.

Élevage, Animaux domestiques ou sauvages.

46. — Dans l'île vivent de nombreux animaux, qui servent à l'alimentation, aux travaux pratiques, aux rites religieux du sacrifice.

Equidés. — Les charrois sont rares à Délos, étant donné l'absence de bonnes routes, l'exiguïté de l'agglomération, et les rues du quartier du théâtre leur sont impropres [1]. Les transports de marchandises et de matériaux sont assurés, comme souvent encore en Grèce, par des animaux de bât, ânes, mulets, dont un moule pour figurines, trouvée dans une maison du quartier du théâtre, donne l'image [2]. Anes et mulets sont aussi affectés à tourner les grands moulins de lave [3].

Les chevaux courent à l'hippodrome [4] et c'est sans doute le souvenir de ces courses que conservent certains graffites de chevaux relevés sur les murs de maisons [5], et des peintures murales [6]. En dehors de cette circonstance, leur présence est inutile à Délos, dont l'exiguïté et la nature pierreuse ne se prête pas à l'équitation [7].

1. E, VIII, 1, p. 84. — Le chariot qui porte le phallos divin, dans la procession des Dionysies, est trainé à bras d'hommes, BCH, XLVI, 1922, p. 103. — Le Cabinet des Médailles à Paris possède un tube en bronze, ornée d'une tête de taureau, provenant de Délos, qui serait un timon de char, avec la dédicace d'Ογούλνιος à Apollon. L. Robert, *Collection Froehner, I, Inscriptions grecques*, 1936, 51, n° 42 ; BCH, LXII, 1938, 221.
2. E, VIII, 1, p. 84, fig. 40. Mulet avec bât, portant des tonneaux.
3. E, XVIII, n° 62 c.
4. E, XVIII, n° 169.
5. BCH, XIII, 1889, pl. XIII (cheval cabré) ; XXX, 1906, p. 550 (maison du Dionysos) ; E, VIII, 1, p. 204 (quartier du théâtre, maison VII, 1, o, cour); BCH, XLVI, 1916, p. 201 (maison du quartier du stade).
6. Peinture d'autel, E, IX, p. 136, fig. 46 b.
7. BCH, VIII, 1884, p. 486. — Chevaux gravés sur les pierres des églises chrétiennes de Délos, E, XVIII, pl. n° 20 ; BCH, LX, 1936, 98, fig. 36 ; LXII, 1938, 212.

Troupeaux. — Dans les pâturages de Délos et des îles
voisines où le dieu possède ses domaines, des troupeaux
cherchent comme aujourd'hui une maigre nourriture et fournissent aux dieux leurs victimes. Ils portent la marque de
leur divin propriétaire, qu'un certain Νούιος, Novius, un des
plus anciens Italiens connus à Délos[1], leur imprime au fer
rouge, recevant une rétribution pour cet office, vers 250[2],
Νουίωι συνεγκαύσαντι τὰ κτήνη. Il faut non seulement
entretenir ces animaux, mais les capturer, et l'on paie les
bergers chargés de ce soin, Ἐμπέδωι αἰγίδιον λαβόντι[3].

Bovidés[4]. — Des taureaux, des bœufs, sont offerts en de
nombreux sacrifices[5] ; leur tête orne des autels, des édifices
publics, des maisons[6], des objets mobiliers[7]. Mais les vaches
sont peu nombreuses, et le fromage, mentionné dans les
comptes[8] est sans doute, comme aujourd'hui en Grèce,
l'atroce fromage de chèvre et de brebis.

Ovidés[9]. — Artémis poursuivait et tuait sur le Cynthe les
chèvres sauvages dont elle apportait les cornes à son frère
Apollon pour édifier le fameux autel des Cornes[10]. Les chèvres sont l'offrande préférée de certaines divinités, telle
Artémis Eileithyia, et on les voit, sur les reliefs votifs de
cette déesse, amenées près de l'autel du sacrifice[11]. On sacrifie

1. Voir plus haut, n° 11.
2. BCH, VIII, 1884, p. 80 ; XIV, 1890, p. 457, n° 5 ; XXVII,
1903, p. 70, l. 58 ; XXXIV, 1910, p. 406 ; XXXVI, 1912, p. 56, 140;
XLVIII, 1924, p. 408 ; IG, XI, 2, 287, A, l. 58 ; Holleaux, *Rome, la
Grèce et les monarchies hellénistiques*, p. 85, note 5 ; Hatzfeld, *Les
trafiquants italiens*, p. 249 ; Durrbach, *Inscriptions de Délos*, n° 296,
p. 34, l. 48 ; n° 287, A, l. 58 ; Francotte, *L'industrie dans la Grèce
ancienne*, I, p. 109.
3. BCH, XXVII, 1903, p. 70.
4. BCH, LXII, 1938, 212, Bovidés.
5. Par ex. à Poseidon, BCH, XIV, 1890, p. 506.
6. Sur cette ornementation, E, XVIII, n° 192.
7. Lampes en forme de tête de bœuf, réchauds, etc.
8. Ex. pour les repas rituels de l'Eileithyion, E, XI, p. 306, note 4.
9. BCH, LXII, 1938, 216, Ovidés.
10. Callimaque, Hymne à Apollon, v. 60 sq. ; BCH, VIII, 1884,
p. 433 ; E, XI, p. 307. Sur l'autel des cornes, voir n° 2.
11. BCH, XLVI, 1922, p. 72 sq. ; E, XI, p. 281, note 2, 299, fig.

aussi des brebis à Eileithyia [1], des moutons à Poseidon [2], à Apollon [3], des béliers à Anios [4], à Poseidon [5]. Les troupeaux de ces animaux vaguent jusque dans les sanctuaires [6] et les rues de la ville, et les oisifs en tracent l'image sur leurs graffites [7].

Porcs. — On y voit aussi des porcs qui, de nos jours encore, vivent en bonne harmonie avec les habitants des villes grecques ; ils font tinter la sonnette suspendue à leur cou, non tant pour signaler leur présence que pour les préserver du mal [8]. Leur sacrifice est nécessaire à la purification mensuelle du hiéron, et cette dépense revient fréquemment dans les comptes [9], χοῖρος τὸ ἱερὸν καθᾶραι, χοίρους τὸ ἱερὸν καθάρασθαι. Aux Thesmophories, on offre à Déméter, à Koré, à Zeus Eubouleus une truie pleine, un cochon de lait [10], ὗς ἐγκύμων εἰς θυσίαν τῆι Δημητρί, et l'offrande du porc aux Lares le jour des Compitalia est peinte sur de nombreux autels domestiques, où les esclaves conduisent la victime à l'autel, l'immolent, la dépècent, et la cuisent pour le repas qui suivra [11].

Cervidés. — Le cerf [12] et le daim [13] paraissent sur des pein-

1. BCH, XIV, 1890, p. 506.
2. *Ibid.*
3. Un mouton ἀρήν est offert à Apollon le premier jour du Lénaion, c'est-à-dire à Délos le premier jour de l'année, BCH, XXIX, 1905, p. 454.
4. Bélier amené en sacrifice par un serviteur, sur un relief votif à Anios, BCH, XVI, 1892, pl. VI, p. 148 sq. ; LIII, 1929, p. 186, fig. 1, 196.
5. BCH, XXXIII, 1909, p. 509, note 2, κριῶν δύο Ποσειδῶνι Ἀσφαλείωι καὶ Ὀρθοσίωι.
6. BCH, XIV, 1890, p. 457.
7. Bouc, sur un graffite, BCH, XIII, 1889, pl. XII, p. 376.
8. E, XVIII, n° 170, b.
9. BCH, XIV, 1890, p. 460, 496 ; XLV, 1921, p. 248.
10. BCH, XIV, 1890, p. 505 ; XXVII, 1903, p. 72 ; Durrbach, *Inscriptions de Délos*, n° 291, p. 26, l. 24.
11. DCA, p. 278 ; Bulard, *La religion domestique*, p. 18, 57 sq., 86 ; E, IX, pl. XI, 1 ; XIII, 1, p. 142, fig. 54 ; pl. XVIII. C, XIX, XXI, XXV, 1 ; BCH, XL, 1916, p. 177, fig. 11, 13, p. 184, 213, fig. 29.
12. Bulard, *La religion domestique*, p. 128, 129.
13. *Ibid.*, p. 129.

tures murales, des autels, des margelles de puits [1] ; la biche,
animal favori d'Artémis dont elle accompagne l'image [2], est
offerte en sacrifice à cette déesse [3].

Chiens. — En souvenir de vieilles légendes, il est interdit,
dit-on, de garder des chiens à Délos [4]. Ce n'est pas, comme
on l'a pensé, un chien sacrifié que renferme la corbeille
portée sur la tête du Satyre, sur le relief en bronze d'Artémis, ce sont des offrandes végétales [5]. Toutefois, on aperçoit
des chiens sur des peintures murales [6], sur des graffites [7],
sur une plaquette archaïque en ivoire provenant d'un coffret [8],
sur des lampes romaines.

Volatiles [9]. — On ne trouve pas dans les comptes déliens
la mention de cygnes, qui est cependant l'oiseau d'Apollon [10],
mais très fréquemment celle d'oies, et d'oies d'Egypte, χήν,
χηναλώπεξ [11], pour la nourriture desquelles on achète de
l'orge, Πεισικράτει κριθῶν μεδίμνων τριῶν ὥστε τοῖς χησίν
...παρ' Ἀντιγόνου κριθῶν μέδιμνοι τρεῖς τοῖς χησίν [12]. On en
entretient au Létoon ; elles voguent sur l'étang sacré proche
du sanctuaire [13] et leur image orne le trône de la déesse [14],
comme divers objets mobiliers [15].

Le coq, aux multiples attributions religieuses, est aussi un

1. E, XVIII, n° 5o.
2. Ex. groupe d'Artémis terrassant la biche, trouvé dans le quartier
du théâtre, E, VIII, 1, p. 220, fig. 98.
3. Reliefs votifs à Artémis Eileithyia, BCH, XLVI, 1922, p. 81,
fig. 14 ; E, XI, p. 307.
4. Pauly-Wissowa, *Realencyclopädie*, s. v. Hund, VIII, p. 2575; Lebègue, *Recherches*, p. 227 ; Carcopino, *La basilique pythagoricienne de
la Porte Majeure*, p. 238-9.
5. CRAI, 1909, p. 415 ; BCH, XLV, 1921, p. 249. Sur ce relief,
cf. n° 33.
6. Bulard, *La religion domestique*, p. 128 ; BCH, XXIX, 1905, p. 24.
7. BCH, XIII, 1889, p. 376, pl. XII (théâtre).
8. E, XVIII, n° 119.
9. BCH, LXII, 1938, 217, Oiseaux.
10. BCH, XIV, 1890, p. 457, note 2.
11. *Ibid.*, p. 456.
12. BCH, XXVII, 1903, p. 71, en 25o.
13. BCH, LIII, 1929, p. 222.
14. *Ibid.*, p. 222, fig. 23-5. Trônes, E, XVIII, n° 4.
15. E, XVIII, n° 15 c.

animal de sacrifice et paraît sur des peintures murales [1], sur des stèles funéraires [2] ; on en dresse pour les combats [3], en les nourrissant d'ail et de viande.

Le paon, animal d'Héra [4], se promène gravement dans les sanctuaires, et on le voit sur des peintures [5]. Les tourterelles et les colombes [6] volent et roucoulent ; sacrées, elles rappellent les filles d'Anios métamorphosées en ces animaux [7]. Deux grandes colombes en marbre, dont l'une a été trouvée près du lac Sacré, dont l'autre, sans provenance, était conservée au musée de Myconos, se rapportent sans doute au culte d'Anios et de ses filles [8]. Mais, à Délos comme ailleurs, la colombe est aussi l'animal d'Aphrodite ; ces ex-voto pourraient rappeler cette déesse [9], comme un relief votif mentionné dans un inventaire [10], d'autres colombes en pierre [11]. Un emblème de mosaïque, provenant de l'étage de la maison B, dans le quartier de l'Inopos, montre le motif, banal à l'époque gréco-romaine, des deux colombes posées sur une coupe à pied [12] ; sur une mosaïque de la maison aux masques, un oiseau est posé sur une branche [13], et des oiseaux paraissent sur un plateau de table en ardoise [14].

L'oiseau en calcaire blanc-jaune, de l'ancien Héraion, est

1. E, IX, pl. XIV, 1, fig. 49, p. 137, fig. 50 ; BCH, XL, 1916, p. 176, fig. 10 ; p. 186, fig. 16 ; Bulard, *La religion domestique*, p. 343 sq., 87, note 2.
2. BCH, XXXIII, 1909, p. 517, n° 40 ; E, II, p. 62, fig. 88 (A 1512).
3. Picard, *La vie privée de la Grèce classique*, p. 92.
4. BCH, XIV, 1890, p. 457.
5. Bulard, *La religion domestique*, p. 87, note 2, 345 ; E, IX, pl. XIV, 1, p. 137.
6. BCH, LXII, 1938, 218, Colombes.
7. Lebègue, *Recherches*, p. 227 ; BCH, XIV, 1890, p. 456 ; LIII, 1929, p. 188, 185.
8. BCH, LIII, 1929, p. 188, fig. 2, p. 197.
9. *Ibid.*
10. Plaque votive représentant une colombe, dans un inventaire du temple d'Aphrodite, en 146-5, DCA, p. 242.
11. A 1811. Colombe en marbre blanc, du Sarapieion C. Haut. 0,12. CE, p. 67, n° 7. Deux oiseaux en marbre, privés de leur tête, sanctuaire des dieux étrangers, BCH, VI, 1882, p. 311, n° 18. Ces ex-voto se rapportent sans doute à Aphrodite-Isis. BCH, LXII, 1938, 218 ; E, XVIII, pl. n° 36.
12. E, VIII, 2, p. 401, fig. 237.
13. E, XIV, p. 37.
14. E, XVIII, n° 24, fig. 188.

plutôt un oiseau de proie[1], que l'on retrouve semblable en des figurines archaïques en calcaire de Rhodes, produits sans doute chypriotes inspirés des figurines égyptiennes au type du faucon Horos[2].

Bien que Délos soit aussi dénommée Ὀρτυγία, l'île de la caille[3], on ne trouve pas dans les comptes la mention de cet oiseau[4], mais bien celle de la perdrix[5], πέρδιξ. Sont-ce des cailles, des perdrix, des grives, que l'on aperçoit parmi des guirlandes de fleurs, sur une belle table en ardoise[6] ?

Une des spécialités de Délos est d'engraisser la volaille, et ses éleveurs sont réputés[7]. On y nourrit sans doute aussi des abeilles, dont un fragment de bol à relief porte l'image[8], car Délos exporte du miel[9].

Serpents. — N'oublions pas, en parlant de la faune délienne, de mentionner les serpents qui, sous l'espèce des vipères, infestent encore l'île. Ils sont vénérés à Délos comme ailleurs, en tant qu'attributs de divers dieux. On les aperçoit sur des ex-voto, sur un pied de table[10], sur les peintures murales du culte domestique[11], etc. On leur offre des œufs[12], mais l'on consacre aussi des œufs en marbre à plusieurs divinités[13]

1. A 851. Ancien Héraion. Calcaire blanc-jaune. Oiseau au repos, sur une plinthe rectangulaire. Traces de couleur rouge sous l'aile. Long. 0,115. v1e siècle ; BCH, LXII, 1938, 221 ; E, XVIII, pl. no 37.

2. Blinkenberg, *Lindos, I, Petits objets*, p. 455, pl. 78-9 (Camiros, Lindos, Vroulia). Cf. plus loin no 72 (Chypre).

3. Lebègue, *Recherches*, p. 26. — Sur Ortygie-Délos, Tréheux, Ortygie, BCH, LXX, 1946, 560.

4. BCH, XIV, 1890, p. 457, note 2.

5. *Ibid.*, p. 456.

6. E, XVIII, no 248.

7. Pline, *Hist. Nat.*, 10, 139 ; Lebègue, *Recherches*, p. 290, 313 ; Picard, *La vie privée de la Grèce classique*, p. 92 ; Francotte, *Le travail dans la Grèce ancienne*, I, p. 115.

8. E, XI, p. 123, note 1.

9. Voir plus haut, no 14.

10. E, XVIII, no 21.

11. Bulard, *La religion domestique*, p. 347.

12. *Ibid.*, p. 299. — Cf. deux serpents léchant des œufs, sur un autel, fresque de Pompéi, Roux-Barré, *Herculanum et Pompéi*, V, pl. 10. Sur l'œuf comme nourriture des serpents domestiques et sacrés, S. Reinach, Bris de coquilles, RA, 1932, I, p. 97.

13. 5275. Œuf en marbre blanc. Haut. 0,05. — Un autre exem-

47. — *Ventes d'animaux au profit du sanctuaire.* — Une loi interdit l'introduction d'animaux dans le sanctuaire, sauf de ceux qui sont destinés au sacrifice, et elle sanctifie cette défense par des malédictions et des amendes [1]. Toutefois, nourrissant au frais du trésor une quantité d'animaux, sacrés ou non, les sanctuaires ressemblent quelque peu à des ménageries [2], dont le dieu tire profit. Si l'on achète beaucoup de victimes pour les sacrifices, bœufs, chèvres, béliers, porcs, sangliers [3], on récupère quelque argent par la vente de leurs peaux [4]. On vend aussi divers animaux [5], vivants ou morts accidentellement [6], des oies, des pigeons [7], la laine des moutons, les œufs des oiseaux, et même — car un dieu ne saurait être trop économe de ses richesses —, la fiente des tourterelles pour servir d'engrais [8]. Cette faune souille le sanctuaire de ses ordures ; on paie à Nicias et à ses employés un salaire pour avoir enlevé des toitures la fiente des pigeons et transporté celle-ci à l'agora, sans doute pour la vente [9], Νικίαι καὶ τοῖς μετὰ Νικία κατακαλλύνασι τὴν κόπρον τῶν περιστερῶν ἀπὸ τῆς ἐπωροφίδος ... καὶ τὴν κόπρον ἐξενείγκασιν εἰς ἀγορὰν... τὴν κόπρον ἐξενείγκασιν ἐκ τοῦ ἱεροῦ μισθωτοῖς.

---

plaire sans n°. E, XVIII, pl. n° 5. — BCH, LXII, 1938, 218. Œufs. On trouve souvent de tels ex-voto, *Musée Lavigerie*, I, p. 233, pl. XXXII, 19 ; Schliemann, *Ilios*, p. 479, fig. 556. — Petit œuf en calcaire, trouvé à Syracuse, avec inscription des IVe-IIIe s., dédicace à l'alouette, *Rivista d. R. Instituto d'arch. et storia dell'arte*, IV, 1932-3, p. 70. — Les œufs sont fréquemment déposés dans les tombes, comme emblèmes de la vie future, ex. Vrusin, *Gli seavi di Aquileia*, 1934, fig. 129, 3.

1. BCH, L, 1926, p. 568.
2. BCH, XIV, 1890, p. 456-8.
3. Ex. pour les Posideia, BCH, XXXIV, 1910, p. 144.
4. DCA, p. 237 ; BCH, XXIX, 1905, p. 528 ; XXXIV, 1910, p. 153; VI, 1882, p. 69.
5. BCH, XIV, 1890, p. 456-8 ; VI, 1882, p. 69.
6. Durrbach, *Inscriptions de Délos*, n° 442, p. 136, l. 158 (oies mortes) ; χηνῶν τεσσάρων τῶν ἀποθνηκόντων ἐν τῇ λίμνῃ ; BCH, XIV, 1890, p. 457.
7. BCH, XXVII, 1903, p. 65-7 ; XXXII, 1908, p. 29 ; VI, 1882, p. 69 ; LIII, 1929, p. 222, note 1.
8. BCH, VI, 1882, p. 69 ; XIV, 1890, p. 457 ; XXVII, 1903, p. 65-7 ; XXXII, 1908, p. 28.
9. BCH, XXVII, 1903, p. 71, en 250 ; *Archives des missions*, XIII, 1887, p. 433.

On rétribue aussi ceux qui chassent les corbeaux, κόρακας θηρεύσαντι, sans doute pour empêcher qu'ils ne salissent les édifices et les statues[1], bien que celles-ci soient parfois protégées par leurs ménisques.

48. — *Interdictions rituelles.* — Le choix des animaux destinés au sacrifice comporte quelques restrictions. Une dédicace de Damon d'Ascalon à Zeus Ourios et à Astarté Palestinienne affirme qu' « il n'est pas loisible d'offrir en sacrifice de la chèvre, du porc, de la vache à ces dieux »[2], οὐ θεμιτὸν δὲ προσάγειν αἴγειον, ὕικὸν, βοὸς θηλείας; une autre dédicace à un Héraklès, assimilé à un dieu oriental, exclut les chèvres du sacrifice[3], θύειν πάντα πλὴν αἰγείου. Le rituel du temple de Zeus Cynthien prescrit de s'abstenir de viande[4]. De telles interdictions ne sont pas rares dans les cultes anciens ; dans plusieurs il est interdit de sacrifier des chèvres et des porcs[5].

49. — *Ex-voto en formes d'animaux.* — Selon une pratique constante dans l'antiquité, on consacre volontiers dans les temples déliens des ex-voto en forme d'animaux[6].

Ce sont de petits chevaux, ἱππάρια, dont quelques exemplaires archaïques en bronze proviennent du hiéron, d'autres, en terre cuite du Kabirion[7].

Des têtes de bœufs, βοὸς προτομή[8], βοὸς κεφαλή[9], βουκεφάλια[10], sont peut-être des éléments de parure[11]. Quelques

1. BCH, XXVII, 1903, p. 69.
2. CRAI, 1909, p. 308, 313 ; E, II, p. 58, n° 1, fig. 81 ; E, XI, p. 282 ; Roussel-Launey, *Inscr. de Délos*, n° 2305.
3. E, XI, p. 279.
4. DCA, p. 228 ; E, XI, p. 67, 140, 142.
5. CRAI, 1909, p. 314, note 1, référ. ; p. 315-7 ; BCH, XLVII, 1923, p. 243, 245 sq. (L'interdiction de la chèvre et du porc) ; Roussel-Launey, *Inscr. de Délos*, n° 2529-2530.
6. BCH, VI, 1882, p. 127, 146 ; XV, 1891, p. 118 ; DCA, p. 219, note 2 ; CE, p. 275 (Sarapieion, II° s.).
7. Sur ces chevaux, cf. Deonna, Notes d'archéologie délienne, BCH, LXII, 1938, 210.
8. BCH, XXIX, 1905, p. 451.
9. BCH, XXXII, 1908, p. 64, l. 22.
10. BCH, VI, 1882, p. 127, note 2 ; XXXV, 1911, p. 200, l. 9 ; DA, Donarium, p. 374, note 159.
11. E, XVIII, n° 157, p. 302, note 10.

figurines archaïques en bronze de cet animal sont semblables à celles que l'on trouve souvent dans les sanctuaires
grecs de cette période. Une autre, d'époque plus récente,
avec bosse dorsale, donne l'image d'un zébu[1]. Asklépios
protège peut-être le bétail, et un romain du nom de Νούιος
— est-ce le même qui marque en 250 le bétail sacré ? —
lui dédie un petit bœuf de bronze[2].

Les inventaires mentionnent un lièvre, λάγιον[3], de petits
boucs, τραγίσκοι[4], des cornes de bélier[5], animal dont nous
possédons une figurine archaïque en bronze[6] ; une phiale
posée sur un vase en forme de tête de biche, ou ayant
elle-même cette forme, φιάλη ἐν ἐλάφου προτομῆι[7].
Dans l'Artémision, l'offrande en argent dénommée « la
grue », ἡ καλουμένη γέρανος[8], est sans doute magnifique,
étant donné son poids. Avait-elle, comme on a pensé[9],
quelque rapport avec la danse de ce nom qui s'exécutait
autour de l'autel des Cornes et qui avait été instituée par
Thésée[10] ? Au lieu d'être l'image d'un animal, était-elle
celle d'un chœur de danse ? Il ne semble pas, puisqu'un
collier y est attaché, et, selon Vallois, ce serait plutôt
un ouvrage à mailles (ἀλυσιδωτός)[11]. Voici un aigle d'ar-

1. J'ai étudié ces ex-voto de bovidés : Notes d'archéologie délienne,
BCH, LXII, 1938, 212.
2. DCA, p. 238, note 7, βοίδιον ἐπὶ βάσεως λιθίνης, ἀνάθεμα Νουίου,
ou Οὐίου Ῥωμαίου.
3. DA, Donarium, p. 374, note 159, h.
4. τραγίσκοι χρυσοῖ δύο ἄστατοι ; BCH, XXVII, 1903, p. 87 ;
XXXII, 1908, p. 64, l. 16 ; DA, Donarium, p. 374, note 159, f.
5. κέρας κρίου χαλκοῦν, BCH, VI, 1882, p. 47, l. 167 ; κέρατα δύο
περικεχρυσωμένα, DCA, p. 402, l. 47-50.
6. A. 311-661. Bélier. A l'Ouest du péribole du sanctuaire. Long.
0,09. E, XVIII, pl. nᵒ 19 ; BCH, LXII, 1938, 217.
7. BCH, XV, 1891, p. 143.
8. γέρανος ἀργυρᾶ ; Durrbach, *Inscriptions de Délos*, nᵒ 296, p. 32,
l. 48 ; nᵒ 298, p. 44, l. 150 ; nᵒ 338, p. 105, l. 6 ; nᵒ 399, p. 60,
l. 142 ; nᵒ 442, p. 153, l. 202 ; nᵒ 461, p. 270, l. 34. — ἡ καλουμένη
γέρανος, BCH, XIV, 1890, p. 407 ; XV, 1891, p. 139, X ; 1886,
p. 464, l. 80.
9. BCH, XV, 1891, p. 139.
10. Sur la danse de la géranos, voir plus haut, nᵒ 2.
11. BCH, XIV, 1890, p. 407, ἡ καλουμένη γέρανος καὶ ὁ ὅρμος ὁ
ὑποτείνων ὑπὸ τὴν γέρανον ἄστατα; BCH, X, 1886, p. 465 ; XV, 1891,
p. 139, ἡ καλουμένη γέρανος· ὅρμος ὁ περὶ τεῖ γεράνωι περίχρυσος ἄστατος.

gent [1], ἀετὸς ἀργυροῦς; une tête d'aigle en argent doré, ἀετοῦ κεφαλὴ ἀργυρᾶ ἐπίχρυσος [2]; des serpents, ὄφις ἀργυροῦς, ὀφίδιον [3]; voici des animaux fantastiques : une tête de griffon, γρυπὸς κεφαλή [4], des sphinx, σφίγγες [5].

Quelques figurines en bronze ou en pierre représentent ces animaux. Nous avons déjà mentionné des oies, des colombes, des bœufs, un zébu, des chevaux, un bélier. Voici un chien [6], un cerf [7], des coqs [8], des lions [9]. Quelques-uns de ces ex-

— Vallois, La « geranos » de l'Artémision de Délos, REA, 1936, p. 413. Cette offrande est citée dans les inventaires depuis la première moitié du ive siècle jusqu'après le milieu du iie s. Vallois examine les diverses hypothèses que l'on a proposées sur son apparence, mais la forme de cet ex-voto nous échappe.

1. Sans doute le même qui est dit ailleurs en argent doré, ἐπίχρυσος, BCH, XIV, 1890, p. 403 ; XV, 1891, p. 118 ; XXXII, 1908, p. 64, l. 20 ; Durrbach, Inscriptions de Délos, no 295, p. 29, l. 13.

2. Durrbach, Inscriptions de Délos, no 367, p. 174, l. 18 ; no 443, p. 185, l. 116 ; no 461, p. 269, l. 23.

3. BCH, X, 1886, p. 465 ; XXXII, 1908, p. 11, l. 15 ; p. 12, p. 64, l. 20, ὄφις ἀργυροῦς πεντόροβον ἔχων χρυσοῦν περὶ τῶι αἰετῶι. Sur cette association du serpent et de la pivoine, voir plus haut, no 43. — Ὀφίδιον, BCH, VI, 1882, p. 127, note 2. — Ex-voto en forme d'échelle avec serpents. Deonna, BCH, LVI, 1932, 410, E, XVIII, 211 ; Demangel, Eph. arch., 1937, 146, note 1 : BCH, LXII, 1938, 221.

4. BCH, XXVII, 1903, p. 88 ; XXXII, 1908, p. 64, l. 28 ; Durrbach, Inscriptions de Délos, no 338, p. 105, l. 6.

5. DA, Donarium, p. 375, note 159.

6. BCH, VI, 1882, p. 127 ; IV, 1880, p. 31. Provenance : temple d'Apollon. Bronze. Pas retrouvé.

7. BCH, VI, 1882, p. 127 ; IV, 1880, p. 31 ; DA, Donarium, p. 374, note 159 e. Provenance : temple d'Apollon. Bronze. Pas retrouvé.

8. A 2902. Ancien Héraion. Bronze. Epoque archaïque. Sur une petite plinthe ronde. Haut. 0,055. E, XI, p. 154 et note 5 ; E, XVIII, pl. no 7.

B 3564. Sud-Ouest du hiéron d'Aphrodite. Petit coq en plomb découpé. Haut. 0,07. E, XVIII, pl. no 22.

DA, Donarium, p. 374, note 159, k, mentionne un coq et un corbeau, trouvés dans le sanctuaire des dieux étrangers, que nous n'avons pu identifier.

Coq à côté d'Héraklès, sur une peinture murale du quartier du stade, BCH, XL, 1916, p. 176, fig. 10 ; p. 186, fig. 16.

Cf. Petit coq en terre cuite de l'Héraion d'Argos, Waldstein, The Argive Heraeum, II, pl. XLVIII, 23 ; de Chypre, Richter, Greek, etruscan and roman bronzes, Metrop. Museum of art, 1925, p. 47, no 73 (peut-être du vie siècle).

9. A 720. A l'Ouest du sanctuaire, vers le péribole, Bronze. Type archaïque. Long. 0,05.

voto remontent à l'archaïsme [1]. Mais une panthère, courant [2], n'est pas antérieure à l'époque gréco-romaine.

Nous mentionnons au cours de cette étude d'autres animaux qui décorent des objets mobiliers.

On fait souvent au sanctuaire des dons en nature. Comme ils sont en matières périssables, on les vend et on achète à leur place des objets durables [3]. Une offrande est faite ἀπὸ τῶν δερμάτων [4], avec le produit de la vente des peaux d'animaux, une autre τῆς τιμῆς τῆς ἐλάφου [5], avec le produit de la vente d'une biche. Mais comment entendre ces objets, en général des vases, qui proviennent ἀπὸ τῶν αἰγῶν καὶ τῶν τράγων [6]; ἀπὸ τῶν αἰγῶν καὶ τῶν ἄρκων [7]; ἀπὸ τῆς ἐλάφου [8]; ἀπὸ τῆς ἐλάφου καὶ τῶν τράγων [9], c'est-à-dire des chèvres, des boucs, des biches et des ours, consacrés par divers fidèles? Les offrandes en nature de ces animaux ont-elles été remplacées par des ex-voto durables [10], ou bien les nouvelles offrandes ont-elles été obtenues par la fonte d'anciennes, qui représentaient ces animaux? Il est difficile de croire, quand il s'agit d'ours, dit-on, qu'on ait

A 2461 (B 4398). Petit lion en argent, avec restes de dorure. Long. 0,03.
Cf. Acropole d'Athènes, De Ridder, *Catalogue des bronzes de l'Acropole d'Athènes*, p. 167 ; Delphes, *Fouilles de Delphes*, V, p. 55.
1. Amas de petits bronzes archaïques, avec poteries des plus anciennes séries céramiques, dans la terrasse Ouest du sanctuaire d'Apollon, CRAI, 1904, p. 400, 731.
2. A 526-7045. Maison au sud du théâtre, 1905. Long. 0,05.
3. On consacre soit des animaux vivants, soit leurs images en métal. Durrbach-Roussel, *Inscr. de Délos*, n° 1403, p. 14, B b, I, l. 82.
4. BCH, XXIX, 1905, p. 544.
5. BCH, VI, 1882, p. 41, l. 111 ; Durrbach, *Inscriptions de Délos*, n° 443, p. 182, l. 35 ; n° 442, p. 148, l. 11.
6. BCH, VI, 1882, p. 34, n° 49, p. 95 ; Durrbach, *Inscriptions de Délos*, n° 422, p. 104, l. 26 ; n° 439, p. 116, l. 46 ; DA, Donarium, p. 368, note 86.
7. Durrbach, *Inscriptions de Délos*, n° 439, p. 116, l. 44 ; n° 385, p. 34, l. 80 ; n° 442, p. 165, l. 46, référ.
8. BCH, VI, 1882, p. 47, l. 103 ; XXXII, 1908, p. 99-101 ; Durrbach, *Inscriptions de Délos*, n° 421, p. 99, l. 9 ; n° 443, p. 184, l. 86; n° 444, p. 192, B, l. 2 ; Durrbach-Roussel, *Inscr. de Délos*, n° 1432, p. 122, Bb, II, l. 3.
9. BCH, VI, 1882, p. 34, n° 51, p. 95 ; Durrbach, *op. l.*, n° 442, p. 144, l. 51.
10. BCH, VI, 1882, p. 145, 95.

consacré des ours vivants ; ce seraient donc plutôt des ours
de métal ; il en serait de même toutes les fois que paraît
cette préposition ἀπό[1]. L'objection n'a pas grande valeur,
car on a parfaitement pu consacrer des ours, non vivants,
mais tués à la chasse, ailleurs qu'à Délos, qui auraient
été vendus au profit du sanctuaire et remplacés par des
ex-voto. Au lieu de la préposition ἀπό, on emploie parfois
la préposition ἀντί, qui signifie bien « à la place de »,
« pour le prix de », et qui exclurait l'hypothèse d'une
refonte : κυλύχνιον ἀντὶ κρίου οὗ ἀνέθηκε Δημήτριος[2];
ἡδυποτίδιον ἀντὶ τῶν αἰγίσκων ὧν ἀνέθηκεν Ἡγήμων[3];
ῥοδιακὸν ἀντὶ τῆς χελιδονείου τῆς ἀποβληθείσης[4]; ῥοδια-
κὴν ἀντὶ τῶν αἰγίσκων ὧν ἀνέθηκεν Ἀριστόμαχος[5]; σκά-
φιον ἀντὶ τοῦ κριοῦ καὶ τῆς αἰγός[6]. Mais les μῆλα τὰ ἀπὸ
τῆς γεράνοῦ[7], τῶν ἀπὸ τῆς γεράνου ἀποπεπτωκότων[8],
sont faits avec les débris provenant de l'ex-voto de la geranos, cité plus haut. Toutefois, on ne saurait toujours se
prononcer, car certains cas semblent autoriser l'une et l'autre
possibilité[9].

1. BCH, XXXII, 1908, p. 99-101.
2. BCH, XXVII, 1903, p. 96 ; XXIX, 1905, p. 501 ; Durrbach, *Inscriptions de Délos*, n° 298, p. 42, l. 18.
3. BCH, XXVII, 1903, p. 96.
4. Durrbach, *Inscriptions de Délos*, n° 298, p. 42, l. 109.
5. *Ibid.*, p. 43, l. 111.
6. *Ibid.*, l. 112.
7. *Ibid.*, n° 399, p. 60, l. 142 ; n° 444, p. 194, l. 45 ; n° 442,
p. 153, l. 202 ; n° 443, p. 186, l. 127 ; n° 461, p. 270, l. 34.
8. BCH, X, 1886, p. 464, l. 75.
9. Sur ces deux interprétations, cf. encore Durrbach, *Inscriptions de
Délos*, n° 442, p. 165, l. 46, référ., qui ne se prononce pas.

VIII. — Métiers des Déliens. Navigation, Pêche.

50. — *Vie maritime.* — Les Déliens dépendent entièrement de la mer. Pacifique, dépourvue de flotte, Délos est à la merci de ceux qui tiennent les routes maritimes, et elle passe tour à tour sous la domination des uns et des autres. La mer lui amène les nombreux pélerins et les visiteurs qui font la prospérité de son sanctuaire d'Apollon. Incapable, par sa stérilité et son exiguïté, de subvenir à ses besoins, ne possédant pas de grande industrie, elle demande sa subsistance aux importations maritimes, et développe son commerce de transit, dont vivent les armateurs, les entrepositaires, les marchands. Quant à sa menue population, elle vit de la pêche, comme encore aujourd'hui dans les îles grecques.

Délos s'efforce toujours de se tenir à l'écart des conflits politiques, et, vouée à la religion et au gain, fait respecter sa neutralité en temps de guerre[1]; une fois les luttes engagées, elle accepte indifféremment les offrandes de tous les belligérants. Une inscription en l'honneur d'Epicratès, officier rhodien, vers 190, mentionne l'édit que celui-ci a publié : ceux qui font la course en mer doivent partir de leurs propres ports, jamais de Délos, afin de garantir la neutralité de celle-ci ; ils ne doivent pas non plus s'y réfugier[2]. Mais ces précautions n'empêcheront point Délos d'être ravagée en 88 et en 69, et de devoir à la guerre la principale cause de sa décadence.

51. — *Ornementation marine.* — Il n'est donc point étonnant que les objets marins tiennent une grande place dans l'ornementation délienne, et que les emblèmes des

---

1. Kolbe, The neutrality of Délos, JHS, 1930, p. 20 ; Tarn ; Note on the neutrality of Delos, *ibid.*, p. 29.
2. BCH, X, 1886, p. 117 ; Durrbach, *Choix*, I, p. 89, no 67.

8

mosaïques, dans les demeures, aient presque tous ce caractère maritime, faisant sans doute allusion aux occupations
des propriétaires [1]. On y voit l'ancre, seule [2], ou autour de
laquelle s'enroule un dauphin [3] ; le trident, avec bande-
lette [4] ou avec dauphin [5]. Cet animal, élément banal du
répertoire hellénistique et romain, paraît partout à Délos [6],
sur des graffites [7], des mosaïques [8], des lagynoi [9], des lampes, une écuelle en marbre [10], des accotoirs d'exèdres [11],
des reliefs [12]. On en consacre même l'image en ex-voto dans
les sanctuaires [10]. Le voici qui surmonte de petites tiges en
bronze de destinations incertaines [14], ou qui est moulé en

1. E, VIII, 2, p. 401.

2. Ex. Magasin du port, mosaïque en damier, encadrée de volutes ;
entre elle et la porte d'entrée, une ancre, E, VIII, 2, p. 41, III,
s. d. — Maison du Trident, MP, XIV, 1908, pl. X, A.

3. MP, XIV, 1908, pl. X A, p. 192 ; E, VIII, pl. LI, A, p. 28,
151 ; VIII, 2, p. 401, maison du Trident, III, N i ; maison B, quartier de l'Inopos ; Picard, Syria, XV, 1933, p. 319. Ce thème qui
remonte donc au IIe s. av. notre ère, est adopté par la symbolique
chrétienne, Rivista di arch. cristiania, VIII, 1931, p. 313, pl. p. 310-11;
Leclercq et Cabrol, Dict. d'arch. chrétienne et de liturgie, s. v. Ancre,
p. 2008, fig. : s. v. IΧΘΥS ; Dölger, Eine griechische Inschrift mit
Anker und Delphin, Antike und Christentum, 1932, III, p. 211.

4. Maison du Trident, E, VIII, 1, p. 28, 151, pl. LI B ; VIII, 2,
p. 401 ; MP, XIV, 1908, pl. X A.

5. Maison du quartier de l'Inopos, E, VIII, 2, p. 401. — Sur le
thème du dauphin enroulé autour du trident, dans l'art païen, puis
juif et chrétien, Frey, Il delfino col tridente nella catacomba di Via
Nomentana, Rivista di arch. cristiania, VIII, 1931, p. 301 sq. ; Picard,
Le dauphin au trident, sur le sarcophage _sidonien au navire, Syria,
XIV, 1933, p. 318 sq. ; mosaïque de Cephallénie, Eph. arch., 1932,
p. 8, fig. 8.

6. BCH, LXII, 1938, 219. Dauphins.

7. BCH, XIII, 1889, p. 376, pl. XII-XIII.

8. Aux quatre angles de la mosaïque dite des Dauphins, E, VIII, 1,
p. 404, note 1 ; pl. LIII ; MP, XIV, 1908, p. 198, pl. XII-XIII.
Maison dite aux masques, au Sud du théâtre, deux dauphins, BCH,
LVII, 1933, p. 141-2, fig. 12 ; E, XIV, p. 39, fig. 12.

9. Leroux, Lagynos, p. 17, n° 6.

10. E, XVIII, n° 7, pl. n° 323.

11. E, XVIII, n° 7.

12. BCH, VIII, 1884, p. 421, n° 1 ; XLV, 1921, p. 272, 284.

13. Dans l'Artémision, inventaire de 279 ; BCH, XIV, 1890, p. 403 ;
DA, Donarium, p. 375, note 159, l.

14. B 4470. A l'Est du stade. Haut. 0,08 ; E, XVIII, pl. n° 23 ;
BCH, LXII, 1938, 220.

petits reliefs de plomb [1]. Sur l'un d'eux, il est chevauché
par Eros [2], comme sur un relief d'applique [3], sur une
mosaïque [4], en un motif fréquent à l'époque hellénistique,
à partir du IIIe siècle [5]. Maintenu dans l'iconographie chrétienne, le dauphin paraît sur deux blocs de pierre provenant des églises primitives de Délos, où il est accompagné
d'un autre animal symbolique, le cheval [6].

52. — *Dangers de la mer*. — A toute époque, les pirates
sont une calamité, à laquelle les textes déliens font souvent
allusion. Ils rançonnent les navires marchands, mais les
Déliens profitent cependant de leurs entreprises, car ils ali-
mentent son marché d'esclaves. Le danger grandit avec le
temps ; les pirates arrivent à constituer de puissantes esca-
dres, et la catastrophe de 69 est leur œuvre [7]. Plusieurs
dédicaces sont faites par des navigateurs aux dieux qui les
ont sauvés de leurs mains [8], et les périls que mentionne la
formule fréquente, ἐκ πολλῶν καὶ μεγάλων κινδύνων, fait
sans doute allusion, non seulement aux dangers de la tem-

B 3875. A l'Ouest du hiéron d'Aphrodite. Haut. 0,05 ; E, XVIII,
pl. n° 24, p. 334.
   La tige était-elle celle d'une grande épingle ? Cf. une épingle en
bronze, avec chas à une extrémité, ornée à l'autre d'un sanglier, provenant de Gergovie, De Ridder, *Bronzes du Louvre*, II, pl. 12, n° 3719.
Tige en bronze terminée par un osselet, E, XVIII, n° 173, fig. 826.
   1. S. n. Tourné à droite. Long. 0,07 ; E, XVIII, pl. n° 25 ; BCH,
LXII, 1938, 220.
   2. S. n. Long. 0,095 ; haut. 0,075 ; E, XVIII, pl. n° 26 ; BCH,
LXII, 1938, 220.
   3. BCH, XXXVII, 1913, p. 421, n° 707, fig. 3, p. 433, note 1.
   4. Motif d'angle, maison des Dauphins, MP, XIV, 1908, pl. XIII.
   5. BCH, XXXVII, 1913, p. 421, 433, 437.
   6. D'une église chrétienne au S. de l'Agora des Compétaliastes, derrière les magasins du port. BCH, LX, 1936, p. 98, fig. 36 ; LXII,
1938, 212, 220 ; E, XVIII, pl. n° 20. Sur une pierre sont gravés, dans
des arcatures, des oiseaux, des croix, un cheval, et dans les angles supé-
rieurs des dauphins. — Cf. p. 101, note 7.
   7. Durrbach, *Choix*, I, p. 246, n° 158 ; BCH, X, 1886, p. 122 ; E,
II, p. 58 ; DCA, p. 316, note 1.
   8. Ex. dédicace de Damon d'Ascalon, à Zeus Ourios et à Astarté
Palestinienne, pour avoir échappé aux pirates, sans doute dans son
trajet d'Ascalon à Délos, CRAI, 1909, p. 308, 311 ; DCA, p. 316,
note 1.

pête, mais aussi à ceux de la piraterie[1]. Pharmakès et son frère Myron, d'Amisos, sont jetés par la tempête sur les côtes de Sériphos ; pris pour des pirates, ils y sont tués par les paysans. Protos d'Amisos, qui vit à Délos, leur élève un cénotaphe à Rhénée, où ses quatre fils dressent à lui-même une statue [2]. Combien de malheureux, s'ils échappent aux pirates, sont victimes de la tempête, tel Kerdon, que l'on voit, sur sa stèle funéraire, tomber de son navire dans les flots, selon un schéma connu [3] ! Leurs cadavres, rejetés par les vagues sur les côtes de Délos, sont enlevés par les employés du sanctuaire dont ils souillent la pureté [4].

53. — *Dieux protecteurs de la navigation.* — Délos vénère les divinités de la mer, et leur demande la protection nécessaire aux marins [5].

Poseidon [6] possède un hiéron, le Posideion, qui est contigu à la salle hypostyle, dans une anse du port au Nord-Ouest de l'Artémision, et qui est construit avant le milieu du IIIe siècle [7] ; il y est adoré, — et sans doute plus anciennement déjà en ce lieu — sous le vocable de Nauklarios [8]. En 274, le charpentier-menuisier Antikos est chargé d'en exécuter la statue [9]. Ce dieu reçoit encore à Délos l'épithète

---

1. Dédicace d'une femme, Niké, à Héraklès Kallinikos, σωθεῖσα ἐκ μεγάλων κινδύνων, E, XI, p. 267. — Dédicace de Protos de Chios, aux dieux égyptiens, CE, p. 122, n° 72, p. 289 ; BCH, VI, 1882, p. 331, n° 26 ; E, XI, p. 268, note 1.
2. BCH, 1905, p. 410 ; Durrbach, *Choix*, I, p. 170-1.
3. BCH, XXIX, 1905, p. 54, pl. XIII ; XXVIII, 1904, p. 269.
4. Voir plus loin, n° 60.
5. BCH, LVIII, 1934, p. 191. A Délos, les dieux marins ont leurs sanctuaires au bord de la mer. — Sur les dieux protecteurs des marins, Mazaubert, *Les dieux marins dans le livre VI de l'Anthologie palatine*, REA, XXXIX, 1937, p. 313 sq. ; p. 318, II, Tableau des dieux de la mer.
6. Poseidon à Délos, BCH, XIV, 1890, p. 460, 495 ; XXXIII, 1909, p. 509 ; DCA, p. 273.
7. E, II, complément, p. 29 sq. ; BCH, LIII, 1929, p. 313 ; Vallois, *L'architecture hellénique et hellénistique à Délos*, I, 1944, 77.
8. Inscription Ποσειδῶνος Ναυκλαρίου, Ier s. av. J.-C., BCH, XXXIII, 1909, p. 508, n° 25 ; XXXVI, 1912, p. 172, note 2 ; XL, VIII, 1924, p. 434, note 3 ; LIII, 1929, p. 231 ; E, II, complément, p. 32 ; Roussel-Launey, *Inscr. de Délos*, 1937, n° 2483.
9. IG, XI, 199 A, l. 66-67 ; cf. BCH, LIII, 1929, p. 313-4 :

de 'Ορθώσιος, 'Ασφάλειος, dont le culte est attesté dans diverses villes grecques et en particulier dans les Cyclades[1]. La fête des Posideia lui est consacrée[2].

Un collège d'Italiens, les Poseidoniastes, l'invoquent comme patron et lui offrent des dédicaces sous son nom latin Neptunus[3], mais les Poseidoniastes de Bérytos, sous le même vocable, vénèrent un dieu sémitique hellénisé, sorte de Baal marin, protecteur lui aussi de la navigation, et lui élèvent une statue dans leur établissement[4]. Une statuette de marbre, trouvée dans la maison du Dionysos, reproduit les traits de ce dieu[5].

Zeus Soter sauve aussi des périls de la mer[6]. Le culte de Zeus Ourios, attesté à Délos par des inscriptions, y est sans doute apporté par des marchands qui trafiquent dans le Pont-Euxin, où il a un sanctuaire célèbre à Hiéron, près de Chalcédoine[7], dieu du vent favorable qui pousse les navires, ὁ οὖρος, ἡ οὐρία (πνοή), il est appelé Juppiter Secundanus[8] par les Italiens qui lui élèvent une statue[9]. D'autres pro-

---

'Αντίκωι τῶι ἐγλαβόντι κατασκευάσαι τὰ ἀγάλματα τὸ τε τοῦ Ποσειδῶνος [τοῦ] Ναυκλαρίου? καὶ τὰ τοῦ Ἑρμοῦ.

1. DA, Neptunus, p. 61, 67-8 ; Roscher, *Lexikon*, s. v., col. 2814, 2843.

2. BCH, XXXIII, 1909, p. 509, note 2 ; XXXIV, 1910, p. 144 ; Durrbach, *Inscriptions de Délos*, n° 406, p. 86 ; AJA, XXXVII, 1933, p. 456. On y sacrifie des béliers : κριῶν δυὸ Ποσειδῶνι 'Ασφαλείωι καὶ 'Ορθωσίωι.

3. Durrbach, *Choix*, I, p. 168, n° 48. Sur les Poseidoniastes latins, voir plus haut, n° 12.

4. BCH, XLIV, 1920, p. 289. Sur les Poseidoniastes de Bérytos, voir plus haut, n° 12. Sur ce dieu, oriental, Dussaud, Astarté, Pontos et Ba'al, CRAI, 1947, 211.

5. BCH, XXX, 1906, p. 556, fig. 21 ; CRAI, 1904, p. 743 ; E, VIII, 1, p. 219-20, fig. 96.

6. DCA, p. 229 ; E, XI, p. 118.

7. DCA, p. 275 ; CE, p. 152, n° 129, p. 163, n° 148 ; BCH, VI, 1882, p. 343, n° 57, p. 328, n° 22 ; VII, 1883, p. 357 ; XXXII, 1908, p. 426, n° 32 ; XXXIII, 1909, p. 500, et note 9, 510, n° 26 ; XXXVI, 1912, p. 171 ; CRAI, 1908, p. 186 ; 1909, p. 307 ; 308, 310 ; E, II, p. 58, n° 1 ; E, XI, p. 282 ; Hatzfeld, *Les trafiquants italiens*, p. 350 ; Durrbach, *Choix*, I, p. 190, 189, n° 114 ; Roussel-Launey, *Inscr. de Délos*, n° 1561, 1754, 2180, 2182 ; n° 2415-6, 2305.

8. Voir les références précédentes ; texte bilingue donnant cette équivalence, CRAI, 1908, p. 186 ; Durrbach, *Choix*, I, p. 193.

9. Elevée par les Hermaïstes, les Apolloniastes, les Poseidoniastes, BCH, XXXIII, 1909, p. 496, n° 16 ; Hatzfeld, *op. l.*, p. 271.

tecteurs des marins sont Zeus Kasios[1], Héraklès[2], appelé
à Délos ἀπαλλαξίκακος[3] καλλίνικος[4], les Dioscures[5] ; les
dieux égyptiens, Sarapis, Isis, Anoubis[6], qui tous sauvent
ἐκ πολλῶν καὶ μεγάλων κινδύνων.

Ce patronage est aussi confié à des divinités féminines.
De bonne heure déjà, les tombeaux des Vierges Hyperbo
réennes ont dû recevoir les hommages des navigateurs et
être implorées par eux[7]. Brizo est invoquée pour le salut
des marins, et les femmes déliennes lui offrent des frian-
dises, mais point de poissons[8] ; Aphrodite Astarté est véné-
rée sans doute dans la même intention à l'établissement des
Poseidoniastes[9], comme Agathé Tyché[10], et Isis, dite Pela-
gia, Euploia[11], qui paraît sur un relief votif[12], et sur un
fragment de lampe romaine, debout sur la proue d'un
navire, tenant des deux mains la voile enflée par un vent
favorable, selon le thème consacré[13].

Dans une citerne de son sanctuaire, Hagné Aphrodité

1. CE, p. 97 ; BCH, XLVI, 1922, p. 162 sq. Sur ce dieu, en
général, Salac, ibid., 1922, p. 160 sq.
2. Héraklès, sur des peintures murales, Bulard, La religion domestique, p. 224 ; son culte, DCA, p. 232. Son sanctuaire se trouvait
près du Kabirion, BCH, XXXII, 1908, p. 41, 496 ; XLVI, 1922, p. 520;
XLVIII, 1924, p. 487 ; E, XVI, p. 74.
3. BCH, VI, p. 342, n° 53 ; DCA, p. 251, 253, n° 7 ; CE, p. 200,
n° 208 ; E, XI, p. 268, note 5 ; Roussel-Launey, Inscr. de Délos,
n° 2479.
4. E, XI, p. 267-8, dédicace d'une femme sauvée par lui ἐκ μεγάλων
κινδύνων, sans doute des périls maritimes ; BCH, LVIII, 1934, p. 488 ;
Roussel-Launey, Inscr. de Délos, 1537, n° 2433.
5. DCA, p. 231 ; 246, n° 6 ; CE, p. 144 ; E, XI, p. 268 ; XVI.
p. 88-90 ; Hatzfeld, Les trafiquants, p. 350 ; BCH, VII, 1883, p. 336-7;
XXXIV, 1910, p. 414, n° 70 (dédicace aux Διόσκουροι σωτῆρες). Le
Dioskourion a été découvert près de Phourni. — Cabires, protecteurs
des marins, REA, XXXIX, 1937, p. 319.
6. DCA, p. 252 ; CE, p. 144, 280, 289, 290.
7. E, XI, p. 310. Sur ces tombeaux, voir plus haut, n° 1.
8. Lebègue, Recherches, p. 218 ; Eust. ad Ov. Met., n° 252.
9. BCH, XLIV, 1920, p. 291-2.
10. DCA, p. 246 ; E, XI, p. 226, note 1.
11. CE, p. 290, 163 ; DCA, p. 59, n° 6.
12. Inventaire A 3187-3798 ; E, XIX, 1939, Lapalus, l'Agora des Italiens, 62.
13. DA, Isis, p. 580 ; Roscher, Lexikon, s. v. Isis.

garde des poissons sacrés [1], et derrière la porte de la Graphé, un bassin d'eau lustrale est orné d'un poisson en métal doré qui semble y nager [2].

54. — *Fêtes navales.* — Pour obtenir la bienveillance des dieux secourables, pour les remercier de leur appui, armateurs et négociants leur réservent la dime, parfois même une part d'associé, et leur dédient de nombreux ex-voto payés sur le produit de leurs entreprises maritimes [3]. En leur honneur, on célèbre des fêtes navales, par exemple cette joute sur l'eau lors des Posideia, ou deux prix de 20 et de 30 drachmes sont décernés [4], et au début du printemps, sans doute la cérémonie qui assure aux navigateurs la protection des dieux égyptiens [5].

55. — *Les navires.* — Les Déliens ont de multiples occasions de voir des navires de tout genre, et les oisifs s'amusent souvent à en tracer l'image en graffites sur les parois des demeures ou sur les monuments [6].

Ce sont les navires qui amènent des diverses cités grecques les cortèges religieux des théores [7]. Le plus réputé d'entre eux est la galère à trente rameurs, suivie de sa flottille, qui vient d'Athènes célébrer les Delia en l'honneur d'Apollon [8],

1. CRAI, 1910, p. 523.
2. BCH, LIII, 1929, p. 305-6.
3. Dédicace au Sarapieion A par un personnage offrant à Osiris, qu'il confond peut-être avec Sarapis, la dime de son gain, sans doute obtenu par trafic maritime, CE, p. 90. — Plusieurs ex-voto aux dieux égyptiens semblent avoir été consacrés par des trafiquants sur les produits de leurs entreprises maritimes, *ibid.*, p. 290.
4. BCH, XXIX, 1905, p. 528.
5. CE, p. 287, fête dite des Πλοιαφέσια, ou « Navigium Isidis ».
6. BCH, VIII, 1884, p. 145 (Agora des Italiens) ; XV, 1891, p. 258 (gymnase) ; XIX, 1895, p. 473 (maisons) ; XXX, 1906, p. 531, fig. 11, 549, fig. 17-20 (maison du Dionysos) ; XL, 1916, p. 164, 201, 244 (quartier du stade) ; E, VIII, I, p. 204, fig. 86-8 (quartier du théâtre); VIII, 2, p. 360, fig. 220 (maison du Lac) ; BCH, XLV, 1921, p. 289 (base d'Euthykartidès).
Les graffites déliens ont été réunis par M. Mayence, E, VIII, I, p. 205, note 2 ; *Mélanges Holleaux*, p. 9, note 2, référ.
7. DA, Theoroi.
8. DA, Delia ; Lebègue, *Recherches*, p. 253.

la même, disait-on, qui avait servi à Thésée à son retour de
Crète, quand il débarqua à Délos pour y instituer les fêtes
promises à Apollon s'il revenait vainqueur [1]. Ce sont les
navires des flottes de guerre, dont les inscriptions mentionnent parfois les formes [2] et les noms [3], et dont les chefs et
les matelots consacrent des ex-voto dans l'île [4]. Ce sont enfin
les innombrables bateaux marchands qui assurent le commerce du port délien.

56. — *Culte du navire et navires dédiés en ex-voto.* —
Dès l'époque minoenne, Délos aurait connu un culte du
navire ; les légendes qui comparent l'île à un vaisseau flot-
tant, qui concernent Thésée et la galère sacrée des Athéniens,
les Vierges hyperboréennes débarquées à Délos, en seraient
des souvenirs [5]. Telle est l'opinion de MM. Couchoud, Svoronos, Picard, qui s'efforcent de retrouver les traces de ce
culte.

Celui du mât remonte à la période égéenne, et l'on en a
des témoins en divers lieux grecs. L'ἱστιητόριον des Kéiens,
— que cite Hérodote et qui se trouve près du tombeau des
Vierges hyperboréennes Opis et Argé, c'est-à-dire près du
Portique d'Antigone — est-il, comme on l'a pensé, un
ἑστιατόριον, une salle pour banquets rituels, dont on n'a
du reste pas pu identifier l'emplacement [6] ? Ne serait-ce pas
plutôt un ἱστιοφόριον, c'est-à-dire une base supportant un

1. DA, Delia, p. 57 ; BCH, XLV, 1921, p. 281 ; Durrbach, *Choix*,
I, p. 270. Son nom : la Paralos, Theoris, Delia.

2. ex. BCH, X, 1886, p. 115 sq. (début du IIᵉ s.) ; XI, 1887, p. 266,
dédicace à Triarius, ναῦς δίκροτος, dière, à deux rangs de rameurs.

3. ex. la Parthénos, navire milénien du contingent des cités maritimes
d'Asie, sous les ordres du légat Triarius, BCH, XI, 1887, p. 266.

4. ex. dédicace à Apollon par un navarque rhodien, et ses compa-
gnons d'armes, avec le butin fait sur l'ennemi, début du IIᵉ s., BCH,
X, 1886, p. 123 ; III, p. 471, nᵒ 3. — Un décret du IIIᵉ s. loue un
navarque rhodien et les trois triérarques pour les services rendus à Délos,
BCH, XXXI, 1907, p. 359, note 4. Cf. encore *Archives des missions*,
XIII, 1887, p. 417, nᵒ 15, etc.

5. BCH, XLV, 1921, p. 281, 284, 285, 288 ; Picard, *Les origines
du polythéisme hellénique, L'ère homérique*, p. 45 (à Délos, le culte du
navire rappellerait de vieilles influences exotiques) ; id., RA, 1941, II,
194, note 1.

6. E, V, p. 74.

mât sacré ? On a découvert précisément devant le Portique d'Antigone, près du séma des Vierges hyperboréennes, une fondation avec cavité demi-circulaire, où devait s'encastrer un objet cylindrique. M. Courby y dresse un arbre votif, analogue au palmier de Nicias [1], mais on peut aussi bien y insérer un mât de navire, et, pour MM. Couchoud et Svoronos, ce serait celui du navire conservé dans le temple des Taureaux, qui aurait succédé à un exemplaire plus ancien [2].

La base dédiée à la fin du VIIe siècle par Euthykartidès de Naxos a la forme d'un triangle ; elle est décorée, au sommet angulaire qui fait face au spectateur, d'une tête de bélier, aux deux autres angles d'un masque de Gorgone [3]. Serait-ce une proue de navire sur laquelle se dressait l'image du dieu Apollon, que des monnaies ultérieures montrent assis sur elle ? des béliers et des Gorgones ne paraissent-ils pas parmi les épisèmes des navires ? [4].

Le curieux édifice d'une longueur et d'une disposition insolites, dit « Portique » ou « Sanctuaire des Taureaux », est un temple construit dans la première moitié du IIIe siècle ou quelque peu avant [5]. Sa destination a suscité diverses hypothèses. Selon MM. Couchoud et Svoronos, cette halle aurait contenu un navire [6], consacré en ex-voto par Antigone

1. E, V, p. 95-6, fig. 121-4. Voir plus haut, n° 43.
2. BCH, XLIV, 1920, p. 399, et note 3 ; XLV, 1921, p. 280, 287.
3. Deonna, *Dédale*, II, p. 73, référ.
4. BCH, XLV, 1921, p. 288-9 ; Durrbach, *Choix*, I, p. 2, n° 1.
5. CRAI, 1911, p. 110 ; DCA, p. 284 ; E, V, p. 40 ; BCH, VII, 1884, p. 435 ; G. Poulsen, Note sur la couverture du sanctuaire des Taureaux à Délos, *Mélanges Holleaux*, p. 225 ; MP, XIV, p. 160, et note 3 ; Vallois, BCH, LV, 1931, p. 283 (premières années du IIIe siècle ou fin du IVe).
6. A Olympie, Dörpfeld a retrouvé, sous le Prytanée (construit dans la première moitié du Ve siècle), une construction ovale, qui peut-être était destinée à un navire votif ; elle remonterait à une date fort ancienne, peut-être à l'époque préhistorique. Dörpfeld, *Alt-Olympia*, I, 265 ; REG, XLIX, 1936, p. 153. Dans l'Héraion de Samos, les fondations d'un long édifice rappellent le sanctuaire des Taureaux de Délos ; selon Buschor et Karo, il aurait logé le navire de l'armateur Kolaios, en souvenir de son voyage aux colonnes d'Hercule, pour reconnaître la région de Tartessos ; les fondations furent recouvertes vers 500 av. J.-C. par d'autres édifices. RA, 1935, II, p. 173. Comparer avec les barques sacrées d'Amon renfermées dans les sanctuaires égyptiens. Legrain, Le

Gonatas après la victoire navale de Kos vers 258 [1]. Apollon
était sans doute assis sur sa proue, tel qu'on le voit sur des
tétradrachmes de ce prince, qui auraient été précisément
frappés pour commémorer la dédicace délienne. Ptolémée I
aurait peut-être déjà eu l'idée d'un tel ex-voto, qu'Antigone,
devenu maitre de Délos par sa victoire navale, se serait
appropriée. Mais cette trière aurait remplacé elle-même un
autre navire plus ancien, puisque le culte du navire remonterait fort haut à Délos [2]. Pour d'autres érudits, le sanctuaire contenait bien un navire, mais ce n'était ni la poupe
d'une antique galère délienne, ni la proue du vaisseau d'Antigone ; c'était la proue du navire à 25 rameurs de Démétrios Poliorcète, père d'Antigone Gonatas, qui était tombé
entre les mains de Ptolémée I, et que celui-ci avait consacrée à Délos [3]. Pour M. Thiersch, qui adopte partiellement
ces hypothèses, l'original perdu de la Niké de Samothrace
aurait pu être érigé sous le lanterneau de l'adyton [4] en souvenir d'une bataille gagnée en 306 par Démétrios Poliorcète
près de Salamis de Chypre. La statue de Samothrace, qui
en dérive, commémorerait la victoire du fils de Démétrios,
Antigone Gonatas, à Cos en 259. Il est vrai qu'ultérieure-

logement et le transport des barques sacrées et des statues des dieux
dans quelques temples égyptiens, *Bull. Institut franç. d'arch. orientale,*
XIII, 1916. A Karnak, le pharaon ou un officiant montait l'escalier et
ouvrait la fenêtre à deux battants, pour que les rayons du soleil puissent
pénétrer dans le sanctuaire et illuminer la barque, *ibid.,* p. 22. Cf.
Canney, *Boats and ships in temples and tombs,* Gaster anniversary
volume, 50 sq.

2. La date de cette bataille est discutée. Cf. en dernier lieu, Neppi
Modona, *L'Isola di Coo nell'antichita classica,* 1933, p. 40-1 ; Bikerman,
Sur les batailles navales de Cos et d'Andros, REA, XL, 1938, 369 sq.
(entre 263-261).

2. Couchoud et Svoronos, Le monument dit des Taureaux à Délos
et le culte du navire sacré, BCH, XLV, 1921, 270 ; XLIV, 1920,
p. 399 ; Durrbach, *Choix,* I, p. 56, note 1 ; RA, 1922, I, p. 377 ;
REG, 1922, p. 344.

3. Tarn, Le monument dit des Taureaux à Délos, a note, BCH,
XLVI, 1922, p. 473 ; Couchoud, *ibid.,* 476.

4. Thiersch, *Pro Samothrake, Akad. d. Wiss. Wien, Philos. hist.
Klasse,* 1930, p. 36 sq., 62 ; Id., *Die Nike von Samothrake, ein rho-
disches Werk und Anathem, Mitt. d. Gesell. d. Wiss. zu Göttingen,
Phil. Hist. Klasse,* 1931, p. 371-2 ; REG, 1933, p. 130-1 ; GBA,
1934, I, p. 211.

ment M. Thiersch fait de l'original un ex-voto de victoire
navale remportée par Eudamos, en 191-190 av. J.-C.[1].

M. Vallois a reconnu dans cet édifice, et cette identification a été en général admise, le Pythion, ou plutôt une partie
de celui-ci, le Neôrion. On a émis encore d'autres hypothèses au sujet de son affectation : on y aurait entretenu un
feu perpétuel, conservé une nef sacrée, qui transportait le
feu dans les pays groupés autour du culte délien, ou encore
la nef qui avait apporté au foyer des Cyclades la sainte
flamme de Délos[2].

M. Vallois a repris récemment la question, et aboutit aux
conclusions suivantes[3] : ce Neôrion du Pythion aurait été
édifié, non par Antigone Gonatas, comme le pensaient d'abord
MM. Svoronos et Couchoud, mais par son père Démétrios
Poliorcète, pour servir de bassin à une trière, installée sans
doute en 246. Dans le thalamos, une imitation en marbre
représentait la poupe amirale ; elle aurait porté une des
statues en bronze du Neôrion, un Apollon assis sur l'om-
phalos, qui examine son arc, ou plutôt en fait l'offrande
après la victoire, et un Poseidon, qui pourrait être le
Poseidon navarque de Démétrios. D'après l'inventaire du
Neôrion, on voyait dans le prodomos deux proues dorées et
des armes[4].

Quelles que soient leurs divergences, ces hypothèses ont

1. On sait que la date de la Niké de Samothrace est très discutée.
Thiersch la place vers 191-190 av. J.-C. ; Picard la croit plutôt de la
première moitié du IIIe s., GBA, 1934, I, p. 211. Pfuhl, qui la place
comme Thiersch dans la première décade du IIe s., reconnait en elle le
monument commémoratif d'une victoire navale des Rhodiens. Pfuhl,
Stil und Zeit der Nike von Samothrake, JDAI, 1932, p. 69. On discute
aussi son auteur : Phylès d'Halicarnasse, Philiscos de Rhodes, Pytho-
critos, fils de Timocharès, rhodien, auteur de la trière rupestre de Rhodes?
2. *Journal des Débats*, 26 mars 1922 ; Tarn, BCH, 1922, p. 473-5 ;
RA, 1922, I, p. 338-40 ; Durrbach, *Choix*, I, p. 278, add. ad p. 56,
note 1 ; id., *Inscriptions de Délos*, no 442, p. 169, l. 219 ; Vallois,
Nouvelles archives des missions, XXII, 1921, p. 200 ; BCH, LV, 1931,
p. 283. — Sur ce transport du feu sacré, BCH, XLV, 1921, p. 266,
268.
3. Vallois, *L'architecture hellénique et hellénistique à Délos*, I,
1944, 34, 38-9, 398, 434.
4. *Ibid.*, 39. — Cf. encore sur ce sujet, Marcadé, Sur une base lin-
dienne en forme de proue, RA, 1946, II, 147.

en commun l'affectation du sanctuaire des Taureaux à un
navire dédié en ex-voto. On en verrait peut-être l'image sur
des reliefs hellénistiques [1], et il aurait inspiré le relief rhodien
taillé dans le rocher au bas de l'acropole de Lindos, où une
proue de navire servait de base à la statue du prêtre Agé-
sandros, vers l'an 170 [2].

Pourquoi cet édifice est-il orné de têtes de taureaux gemi-
nées ? Ce décor animal, fréquent à Délos sur les autels, les
margelles de puits, les stucs [3], et qu'on retrouve ailleurs [4],
ne fait-il que rappeler les sacrifices ? S'explique-t-il, selon
l'opinion de M. Thiersch, par le séjour que Démétrios Poliorcète avait fait à Salamis de Chypre, où il avait vu l'apadana
d'Evagoras (411-374) ? [5]. Rappelle-t-il, selon MM. Couchoud
et Svoronos, que le culte du taureau crétois [6] est associé à
celui du navire sacré [7], tout comme en Egypte la vache céleste
Hathor l'est avec les eaux ? Faut-il croire que, si cet animal
symbolise souvent la force impétueuse et le mugissement des
fleuves [8], il est aussi mis en relation avec la mer pour des
raisons analogues [9] ? Plus d'un mythe témoigne de ce lien

1. ex. AM, XVI, 1891, p. 191. Pour M. Couchoud, la scène se
passe à Délos ; on voit au premier plan Hermès Cadmilos, Zeus et
Cybèle, acceptant des offrandes ; dans le fond, la proue du navire
sacré, avec une figure assise sur elle, comme l'Apollon sur les monnaies d'Antigone. BCH, XLV, 1921, p. 293. — Deux reliefs du
Palais Spada et de la Villa Ludovisi, avec la légende du voyage de
Pâris ramenant Hélène, illustreraient des épisodes déliens, ibid., p. 282.
2. BCH, XLV, 1921, p. 282. Sur ce relief, cf. en dernier lieu
Thiersch, l. c.
3. E, XVIII, nos 50, 192.
4. ex. Ephèse, Wilberg, Stierkopfkapitel aus Ephesos, JOAI, XII,
1909, p. 207, fin du Ier s. av. J.-C. ; Baalbeck, consoles avec alterna-
tivement des protomés de lion et de taureau, Robertson, A handbook
of greek and roman architecture, 1929, p. 224, fig. 96.
5. Thiersch, Pro Samothrake ; cf. REG, 1933, p. 131.
6. Malten, Der Stier im Kult und mythischen Bild, IDAI, XLIII,
1928, p. 90 (en Egypte, p. 92 ; en Crète, p. 121).
7. BCH, XLV, 1921, p. 284.
8. Fleuves sous la forme de taureaux, DA, Flumina, p. 1193.
9. Un autre quadrupède, le cheval, est aussi en relation avec la
mer ; il est l'attribut de Poseidon (Poseidon Hippios), DA, Neptunus,
p. 63), d'Artémis marine, que l'on voit sur des monnaies de Leucade,
accompagnée au revers d'une proue de navire à protomé de cheval,
DA, Diana, p. 149, fig. 2386.

entre l'animal et la mer. Zeus est le dieu taureau, et sous
cette forme il enlève Europe et la transporte sur les flots en
Crète. A Delphes, les Corcyréens consacrent au ve siècle un
taureau de bronze, pour remercier le dieu d'une pêche mira-
culeuse de thons, qui leur a été conseillée par l'obstination
d'un taureau à quitter son troupeau et à s'élancer vers la
mer [1]. C'est que le taureau est un attribut de Poseidon,
auquel on le sacrifie, soit qu'il symbolise l'impétuosité des
flots, soit qu'il ait été aux origines le dieu lui-même, Posei-
don-taureau. A l'occasion de la colonisation de Lesbos, on
précipite un taureau vivant dans la mer en l'honneur du
dieu [2]. Mais cet animal peut-être aussi assimilé au navire
qui bondit sur les flots comme lui-même dans la prairie.

Dans la maison de Pompéi dite des « Noces d'argent »,
des bronzes décoratifs, placés sur les pilastres à l'entrée du
tablinum, et servant d'embrasses de rideaux, représentant
une proue de navire d'où bondit une protomé de taureau [3] ;
sur des monnaies, la poupe d'un navire de guerre a la forme
d'un avant-train de taureau [4].

M. Vallois, rappelant que les cornes de taureaux sont
dès l'Orient reculé le symbole de la force des dieux et des
rois, admet que ce décor animal est au Pythion un élément
oriental, et que « les couples de taureaux du Pythion doivent
représenter deux divinités dont la seconde ne peut être que
Poseidon », l'autre étant Apollon [5].

Ainsi, en admettant que le sanctuaire des taureaux renfer-
mait un navire, le décor extérieur s'harmoniserait parfaitement avec le contenu, et l'on peut se demander si le navire
ex-voto ne portait pas aussi sur sa proue une image de l'animal, répétée au dehors.

1. Bourguet, *Les ruines de Delphes*, p. 38.
2. Sur Poseidon et le taureau, DA, Neptunus, p. 62-3 ; fête des
Tauria, en l'honneur du dieu, DA, Tauria.
3. NS, 1905, p. 254 sq., fig. 7-8 ; Reinach, *Répert. de la stat.*,
IV, p. 490, 2, 489, 5 ; DA, Velum, p. 674, fig. 7344 ; Mau, *Pompei*,
1908, p. 262, fig. 135.
4. Monnaie de Gordien le Vieux, 242 apr. J.-C., Cohen, *Monnaies
de l'empire romain* (2), V, p. 58, n° 342.
5. Vallois, *L'architecture hellénique et hellénistique à Délos*, I, 1944,
373, 385.

attendre leur délivrance, et Rhénée devient pour des siècles l'hôpital et le cimetière des Déliens [1]. A Délos même, toute mort accidentelle, tout corps de noyé ramené par les vagues sur le rivage, sont une souillure et nécessitent des purifications. Les comptes du sanctuaire mentionnent plus d'une fois les salaires payés à des ouvriers pour relever des cadavres, sans doute de noyés [2] : τοῖς ἄρασι τὸ σῶμα... τοῖς τοὺς νεκροὺς ἄρασιν τοὺς προσπεσόντας πρὸς τὴν νῆσον... ἄραντι τὸ σῶμα. Il semble que ces prescriptions demeurèrent en vigueur durant toute l'antiquité [3]. C'est donc à Rhénée qu'il convient de chercher à partir de la fin du ve siècle les tombeaux des habitants de Délos ; on les y voit en effet en grand nombre ; plusieurs ont été fouillés et ont livré leur matériel au musée de Myconos.

61. *Monuments funéraires à Délos.* — Cependant Délos possède quelques monuments funéraires. Si les habitations préhelléniques du Cynthe ne révèlent aucune trace d'inhumation [4], les tombeaux prémycéniens du sanctuaire ont échappé à la destruction, car ils étaient devenus les deux semata des Vierges Hyperboréennes [5], et ils furent enclavés, l'un dans le sanctuaire d'Apollon, l'autre dans l'Artémision. La purification de Pisistrate a négligé quelques tombes géométriques dans le hiéron, près de l'autel de Zeus Polieus [6]. En 1935, Robert a retrouvé sept tombes oubliées dans le hiéron lors de la purification, ou peut-être respectées parce qu'elles étaient devenues sacrées [7]. La grande purification de 426 a laissé sur place de nombreux fragments de vases archaïques [8], dont plusieurs de destination nettement funéraire [9] ; ils per-

---

1. DCA, p. 207.
2. IG, XI, No 440, vers 180 ; E, II, compl., p. 34, p. 53, No IV ; Durrbach, *Inscr. de Délos*, No 372, p. 5, l. 106 ; p. 14, l. 106 (en 200); No 440, p. 126, A, l. 49.
3. Roussel, *Délos*, 1925, p. 9.
4. E, XI, p. 47.
5. Voir plus haut, no 1.
6. BCH, XXXIX, 1915, p. 420. Voir plus haut, no 3.
7. BCH, LIX, 1935, p. 297 ; REG., 1937, p. 92.
8. Voir plus haut, découvertes de vases archaïques, no 3.
9. Ex. : fragment de vase géométrique des Cyclades, avec pleureurs, BCH, XXXV, 1911, p. 387, 358, No 21 ; fragment de vase

mettent de fixer l'emplacement de l'ancienne nécropole à
l'Ouest de la rue du théâtre (partie Nord de l'Insula III) et
au Sud-Est du sanctuaire d'Apollon [1]. On a constaté un
tombeau tardif au N. de la rue qui borde à l'Ouest la salle
hypostyle [2], et une monnaie de bronze, obole à Charon, provient d'une tombe, récente elle aussi, au N. du Portique
d'Antigone [3].

Les fouilles des édifices publics et des maisons ont livré
plusieurs inscriptions et reliefs funéraires [4] postérieurs à la
grande purification ; mais ils n'ont jamais surmonté des
tombes à Délos même. Ceux qui sont inachevés peuvent provenir d'ateliers de sculpteurs qui les destinaient aux tombes
de Rhénée [5] ; les autres ont été transportés de Rhénée à
Délos pour y servir de matériaux de construction [6]. On n'a
cependant exploité la nécropole de Rhénée qu'à une date tar-

mélien, offrande au mort, BCH, XXXV, 1911, p. 420, p. 414, No 81 :
MP, XVI, p. 25, pl. III. On a remarqué que plusieurs fragments
appartiennent à de grandes amphores, complètement absentes de la
fosse de Rhénée ; ce sont donc seulement les petites amphores qui,
plus ou moins brisées, ont été transportées avec les restes des cadavres
à Rhénée ; les fragments des grands vases, plus lourds, sont restés
sur place. BCH, XXXV, 1911, p. 419.

1. CRAI, 1907, p. 360 ; MP, XVI, 1909, p. 25 sq.; BCH, XXXV,
1909, p. 350, 352 ; XXXIX, 1915, p. 419-20; XL, 1916, p. 162 ;
LII, 1929, p. 177 ; E, VIII, 1, p. 37, 69 ; Picard, *La vie privée
de la Grèce classique*, p. 27 ; DCA, p. 309, 360.

2. E, II, p. 57.

3. E, V, Le Portique d'Antigone, p. 103.

4. Ex. Agora des Compétaliastes et environs, BCH, XX, 1896, p. 435;
XXXVI, 1912, p. 216, No 43 bis ; XXXI, 1907, p. 467, No 72, p. 468,
No 74 ; E, II, p. 55, note 3. — Maison dite de Kerdon, BCH, XXIX,
1905, p. 40, 53-4, p. 244, No 113, p. 245, No 117 ; XXXI, 1907,
p. 471, note 3. — Près de l'Agora de Théophrastos, BCH, XXXIII,
1909, p. 511, No 30 ; p. 514 sq. — Agora des Italiens, BCH, XXXI,
1907, p. 468, No 73 ; CRAI, 1904, p. 732. — Maisons tardives de la
salle hypostyle, E, II, p. 55, 60 sq. — Monuments funéraires : BCH,
XXXII, 1908, p. 443, No 70, No 71. — Cf. encore Monument de
granit, quartier du théâtre, etc., BCH, XXXIV, 1910, p. 415 sq., V,
Inscriptions funéraires. — Statuette en marbre de femme agenouillée,
sans doute pleureuse, provenant, dit-on, de Délos, mais en réalité plutôt
de Myconos, BCH, XXXV, 1911, p. 302, fig. 1.

5. Ainsi ceux du dit atelier de sculpteur à l'Agora des Italiens. Voir
plus haut, no 28.

6. BCH, 1888, XII, p. 320 ; DCA, p. 26, note 1, p. 207, note 2,
p. 322, note 5.

dive ; les habitations romaines de l'époque impériale construites sur les ruines de la salle hypostyle ne contiennent
pas de stèles, et à cette époque la nécropole devait être encore
considérée comme un lieu saint ; en revanche, les habitations
chrétiennes de la salle hypostyle en renferment plusieurs[1].
Toutefois ce remploi est déjà antérieur, puisqu'une dédicace
à Opôra, la déesse des fruits, est gravée sur la tranche d'une
stèle funéraire[2]. Dans les temps modernes, la nécropole de
Rhénée a fourni de nombreux marbres aux collections et aux
musées[3].

Les Déliens ont voulu parfois commémorer par quelques
monuments le souvenir de leurs morts dont les corps repo-
saient à Rhénée, en général par des autels ronds au décor
banal de guirlandes et de têtes de bœufs[4]. L'un, provenant
de l'Agora des Compétaliastes, porte le nom de Socratès de
Marathon[5] ; un second, dans une chambre au SE de la
même Agora, celui d'Eutychidé[6] ; un troisième, toujours à
la même Agora, celui de Théano, avec une formule qui
implique la béatification de la morte[7] ; un quatrième, dans
une maison au N. de l'Agora de Théophrastos, celui de
Zosarion d'Alexandrie, femme de Philéas[8] ; une inscription
du Sarapieion C semble concevoir l'apothéose décernée par
le dédicant à une femme défunte qu'il associe aux divinités
chthoniennes Déméter et Koré[9].

1. E, II, p. 55, 60 sq., 65.
2. BCH, XXXIII, 1909, p. 511, n° 30. Cf. plus haut, n° 43.
3. Stèles transportées en 1829 à Egine, puis au Musée d'Athènes,
Fränkel, Epigraphisches aus Aegina, *Abhandl. d. Berlin. Akad.*, 1897,
Ahhang ; BCH, XXXVI, 1912, p. 7.
Stèle de Licinius Anius au Louvre ; le nom Anius, qui évoque celui
du roi légendaire Anios, vénéré à Délos, a peut-être déterminé l'indication de cette provenance délienne, BCH, XXXV, 1911, p. 306, N° 111.
Stèle à Aix, CRAI, 1912, p. 641, etc.
4. DCA, p. 27, note ; BCH, XXXVI, p. 119, N° 3 ; Altmann, *Die
römischen Grabaltäre der Kaiserzeit*, p. 3, fig. 1. Ce type d'autel est
souvent employé ailleurs dans le culte funéraire, *ibid.*, p. 1 sq. Die
hellenistische Grabaltäre.
5. BCH, XXIX, 1905, p. 244, N° 114.
6. BCH, XXXIV, 1910, p. 416, N° 76.
7. BCH, XXIX, 1905, p. 245, N° 115 ; CE, p. 199 : Θεανοῦς ὁσίας.
8. BCH, XXXIII, 1909, p. 515, N° 37, fig. 6.
9. CE, p. 199, N° 206.

Parmi les objets mobiliers antérieurs à la fin du ve siècle, rares à Délos, nous n'en connaissons point qui, échappés aux investigations des purificateurs, aient eu une affectation funéraire certaine. C'est au Musée de Mykonos que l'on doit étudier le mobilier funèbre provenant des tombes de Rhénée, dont nous citons çà et là quelques spécimens.

62. — *Mobilier des maisons, boutiques, magasins, édifices publics.* — La vie civile, civique et domestique des Déliens, se passe dans les demeures, les boutiques, les magasins du port, les lieux de réunion commerciaux, les édifices publics de la communauté, palestres, gymnase, théâtre, etc. Tous ces édifices comportent un mobilier, et c'est à cette série qu'appartient la majorité des objets trouvés dans les fouilles.

Les maisons apportent la principale contribution[1]. Nous aimerions savoir la destination de leurs diverses pièces, mais les attributions sont malheureusement le plus souvent incertaines[2]. Nous avons mentionné plus haut l'affectation probable de certains locaux à des industries domestiques ou publiques, à des négoces[3]. Dans la maison privée, des baignoires en terre cuite, encore enfoncées dans le sol, indiquent des cabinets de bains[4]. On s'efforce de reconnaître les pièces de réception, les chambres à coucher[5], les salles à manger[6], les réduits des esclaves[7], les loges des portiers ; on suppose des salles de lecture[8]. Les cuisines conservent quelques vestiges de leur aménagement[9]. Mais à Délos, comme encore

---

1. M. Chamonard a étudié quelques objets mobiliers provenant du quartier du théâtre, E, VIII, 1, p. 226.

2. E, VII, 1, p. 168, Destination ; destination des pièces de la maison du Dionysos, BCH, XXX, 1906, p. 554.

3. Voir plus haut, Métiers des Déliens, V.

4. E, XVIII, n° 43.

5. E, VIII, 1, p. 179, cubicula.

6. Ex. salle f de la maison du Dionysos, BCH, XXX, 1906, p. 555; dans le dit restaurant du quartier du stade, BCH, XLI, 1, 1916, p. 171.

7. Voir plus haut, commerce d'esclaves, n° 14.

8. Peut-être la salle j de la maison du Dionysos, BCH, XXX, 1906, p. 556.

9. BCH, 1884, 1884, p. 474 ; DA, s. v. Culina, p. 1580. Ex. Maison du Dionysos, salle g, BCH, XXX, 1906, p. 555 ; E, VIII, 1, p. 288,

aujourd'hui en Grèce et en Orient, la cuisine ne nécessite pas toujours une pièce spéciale, et l'on cuit les aliments sur des réchauds portatifs, tels que les fouilles en ont livré en grand nombre, et tels qu'on les voit fonctionner encore dans les rues de Myconos [1].

Peut-on reconnaître, avec Couve, l'emplacement d'un divan dans une petite pièce de la maison du Trident ? [2] peut-on supposer, dans la maison du quartier du stade, que l'on croit être un restaurant, « un divan stuqué recouvert de tapis et de coussins » ? [3].

Des déterminations certaines apporteraient quelques précisions à l'étude du mobilier privé ; inversement, celui-ci ne fournit que rarement des indices pour la dénomination des pièces. Il manque, bien entendu, pour les maisons et les boutiques, ce que nous possédons pour quelques édifices publics, gymnase et temples, des inventaires des objets mobiliers.

63. — *Mobilier des sanctuaires.* — *Administrateurs.* — L'administration du sanctuaire d'Apollon est entre les mains de fonctionnaires, dénommés « amphyctions » de 454 à 320 environ, « hiéropes » pendant l'indépendance délienne, de 315 à 166, puis καθεσταμένοι ἐπὶ τὴν φυλακὴν τῶν ἱερῶν χρημάτων, gardiens des richesses sacrées, sous la seconde domination athénienne [4]. Ils gèrent les temples et

note 1 ; Maison du lac, salle a, *ibid.*, VIII, 1, p. 180 ; VIII, 2, p. 418 ; Maison de la colline, salle a, *ibid.*, VIII, 1, p. 180 ; VIII, 2, p. 415 ; Maison de Kerdon, BCH, XXIX, 1905, p. 44, pièce 6, avec massif de maçonnerie qui supporte deux gros blocs de schiste ; découverte de fragments de charbons ; Maison B du quartier du haut Inopos, salle C, avec moitié d'une grande jarre encastrée dans le sol, E, VIII, 2, p. 436 ; Maison des Dauphins, salle b ; *ibid.*, VIII, 2, p. 407 ; Maison du Trident, *ibid.*, VIII, I, p. 180.

Cf. encore, dans le quartier du théâtre, quelques pièces, avec évacuation pour l'eau, qui pourraient être des cuisines ou des chambres de bains, IV A c, III N m, II F d, II A a, E, VIII, 1, p. 191 ; quartier du stade, II A a, *ibid.* ; maison B, BCH, XL, 1916, p. 171, cuisine avec évier, office, laverie ?

1. E, VIII, 1, p. 181.
2. BCH, XXIX, 1895, p. 502, V ; E, VIII, 1, p. 152.
3. BCH, XL, 1916, p. 171. — Cf. n° 22.
4. Sur ces divers fonctionnaires, BCH, VI, 1882, p. 1-2 ; X, 1886,

leur contenu, les propriétés bâties et rurales, les créances [1], les revenus divers qui constituent la fortune des dieux [2].

64. — Inventaires. — Ils établissent à intervalles réguliers les comptes des dépenses et des recettes, les inventaires des objets mobiliers, et ces inscriptions sont parvenues en grand nombre jusqu'à nous. Ces documents administratifs s'échelonnent sur plusieurs siècles, depuis 454 jusqu'à 135 environ [3], et sont précieux pour connaître l'aménagement intérieur des sanctuaires, leur mobilier et leurs offrandes [4]. Ces dernières se perpétuent de siècle en siècle [5], mais sont sans cesse aussi accrues par les dons que les fidèles apportent en diverses circonstances [6], par les achats que les administrateurs font sur les revenus de certaines fondations [7]. Les temples ressemblent ainsi à de véritables

p. 469, 472 ; Homolle, *Les Archives*, p. 25 ; DCA, p. 126 sq. Les hiéropes collaborent avec les amphyctions entre 387-315, BCH, X, 1886, p. 475 ; et l'ancienne dénomination « hiéropes » subsiste au moins jusqu'en 161-0 ; DCA, p. 128. Leurs attributions, BCH, VI, 1882, p. 57, 87 ; XIV, 1890, p. 418 ; Homolle, *Les Archives*, p. 4 ; Roussel, *l. c.*

1. Le temple prête à intérêt, BCH, VI, 1882, p. 68 sq.

2. Homolle s'est efforcé d'évaluer la fortune du temple d'après les comptes de 279 ; elle se monterait à ce moment à environ 5 1/2 millions au total, somme assez médiocre, même en tenant compte de la valeur de l'argent autrefois ; il ne faudrait donc pas exagérer la richesse du sanctuaire. BCH, XV, 1891, p. 164 sq., 168 ; VI, 1882, p. 76.

Sur les divers cultes à Délos, grecs et étrangers, DCA, p. 199. Culte et sacerdoces ; sur les cultes domestiques, Bulard, *La religion domestique dans la colonie italienne de Délos*, 1926.

3. Homolle, *Les Archives*, p. 2 (de 454 à 90) ; DCA, p. 24 (correction de cette dernière date) ; BCH, VI, 1882, p. 1.

4. Leur importance pour l'étude de ces détails, *Archives des missions*, XIII, 1887, p. 432 ; BCH, VI, 1882, p. 1 sq. ; DA, Donarium ; *Monuments grecs*, 7, 1878, p. 40.

5. Les inventaires reproduisent toujours les inventaires antérieurs, en ajoutant les objets récemment entrés ; BCH, II, 1878, p. 333.

6. Homolle indique les diverses occasions d'offrandes dans les temples, BCH, VI, 1882, p. 142, N° VI. Occasion de la dédicace. De nombreux vases sont offerts ἀπὸ τῆς ἐργασίας, sur le produit du travail, du gain, ex : CE, p. 209, l. 3, 214, l. 82-3, p. 216, l. 112, p. 215, l. 102-4, etc.

7. C'est ainsi que Stésiléos, fils de Diodotos, délien, consacre chaque année une ou même plusieurs phiales ; il donne au temple une somme

N° XXVIII ; CRAI, 1929, p. 32. — En dernier lieu : après
166 av. J.C. : Durrbach-Roussel, *Inscr. de Délos*, n° 1403,
p. 14 ; B b, II, l. 10 ; n° 1412, p. 37, a, l. 36 ; n° 1417,
p. 73, A II, l. 26 ; n° 1426, p. 92, B II, l. 27 ; n° 1440,
p. 135, A ; n° 1442, p. 151, B, l. 35 ; n° 1443, p. 167, B II,
l. 101 ; n° 1470.

Andriens (Edifice des), 'Ἀνδρίων οἶκος.

Inventaires : Charilos, 269, Homolle, *Les archives*, p. 126,
N° XXXIV ; Sosisthénès, 250, Homolle, *ibid.*, p. 130, N° XLVl ;
BCH, XXVII, 1903, p. 95 ; peu après Xénocratès, 244, Durrbach
Inser., N° 296, p. 33, l. 6 ; sans doute après 241, BCH, XXIX,
1905, p. 499, 501 ; Acridion, 240, Homolle, *Les Archives*, p. 131,
N° XLIX ; Durrbach, *Inscr. de Délos*, N° 298, p. 50, l. 107 ;
Sosicos ? 235-4, Durrbach, *ibid.*, N° 313, p. 68 ; vers 234, BCH,
XXIX, 1905, p. 510, l, 164, 514 ; Ménéthalès, 229, Durrbach,
ibid., N° 320, p. 93 ; Homolle, *op. l.*, p. 133, N° LVI (234,
Ménéthalès) ; 220, BCH, XXXII, 1908, p. 81 ; Durrbach, *op. l.*,
N° 351, p. 120, l. 1 ; Stésiléos II, 207, Durrbach, *op. l.*,
N° 366, p. 168, l. 50 ; vers 204, BCH, XXXII, 1908, p. 487,
face B, l. 22 ; fin du IIIᵉ s., BCH, XXXII, 1908, p. 97-8 ;
Sosistratos, 200, Durrbach, *op. l.*, N° 372, p. 14, BC, l. 1 ;
Homolle, *op. l.*, p. 139, N° LXXVII ; vers 198, Durrbach,
op. l., N° 379, p. 25, l. 1 ; Diogénès, 196, Durrbach, *op. l.*,
N° 385, p. 37, f ; N° 385 bis, p. 38, l. 1 ; Homolle, *Archives
des missions*, XIII, 1887, p. 429, N° 24 ; vers 190, Durrbach,
op. l., N° 421, p. 103, l. 1 ; vers 185, *ibid.*, N° 430, p. 110 ;
Télésarchidès II, 181, Homolle, *op. l.*, p. 141, N° LXXXV ;
Durrbach, *op. l.*, N° 439, p. 121, b, l. 2 ; Démarès, 179,
Homolle, *op. l.*, p. 142, N° LXXXVI ; Durrbach, *op. l.* N° 442,
p. 168, B, l. 155 ; Xénotimos, 178, *ibid.*, N° 443, p. 190,
B b l. 70 ; Oineus, 177, *ibid.*, N° 444, p. 198, B, l. 1 ; 175,
166, Durrbach, *op. l.*, N° 468, p. 286, l. 16 ; vers 174, *ibid.*,
N° 457, p. 231, l. 5 ; Amphiclès II, 169, *ibid.*, N° 461, p. 273,
Bb, l. 1 ; 153-2, Phaidrias, BCH, XXIX, 1905, p. 367-8.

Cf. encore BCH, VI, 1882, p. 88, 91, 100 ; XXIX, 1905,
p. 563 ; Durrbach, *op. l.*, N° 300, p. 55, l. 28 ; N° 346, p. 117,
B, l. 1. — En dernier lieu, après 166 av. J. C. : Durrbach-
Roussel, *Inscr. de Délos*, n° 1400, p. 3, l. 1 ; n° 1409, p. 29,
B a, II, l. 9 ; n° 1400, l. 1-16 ; n° 1410.

Anios (sanctuaire d'). — L'identification du sanctuaire
d'Anios, avec un petit temple et un autel à l'E. du lac
sacré, n'est pas certaine[1].

1. Sa situation, BCH, XXV, 1905, p. 455 ; LIII, 1929, p. 193 sq. ;
LIX, 1935, p. 298-9. REA, 1937, p. 142 ; Roussel-Launey, *Inscr. de
Délos*, 1937, n° 2334 ; Vallois, *L'architecture hellénique et hellénistique
à Délos*, I, 1944, 73. Chapelle d'Anios. — Le relief, BCH, XVI, 1892,

Inventaires : entre 156-140, DCA, p. 392, N⁰ X, Kallistratos, 156-5 ; p. 397, N⁰ XVII ; BCH, LIII, 1929, p. 204. ; Durrbach-Roussel, *Inscr. de Délos*, n⁰ 1417, p. 73, A. I, l. 117 ; n⁰ 1426, p. 92, B. I, l. 42.

Aphrodite (sanctuaire d'), *Aphrodision* [1]. — Il y a deux édifices de ce nom [2], dont nous ne savons que peu de chose et dont nous ignorons l'emplacement exact [3].

Inventaires : BCH, XXIX, 1905, p. 508, l. 84 ; VIII, 1884, p. 323 (IVᵉ s.) ; VI, 1882, p. 87 et note 1, Hypsoclès, 279 ; 92 ; Acridion, 240, Homolle, *Les archives*, p. 131, N⁰ XLIX ; Sosicos ?, 235-4, Durrbach, *Inscr. de Délos*, N⁰ 314, p. 68, l. 78 ; Boulon, 234, Homolle, *op. l.*, p. 132, N⁰ LIV ; Ménéthalès, 229, *ibid.*, p. 133, N⁰ LVI ; après 166, DCA, p. 397, N⁰ XVI ; 398, XVIII ; Kallistratos, 156-5, *ibid.*, p. 392, N⁰ X ; entre 156-140, *ibid.*, p. 397. N⁰ XVII ; Métrophanès, 146-5, *ibid.*, p. 401, N⁰ XXV ; vers 140, *ibid.*, p. 408, N⁰ XXVIII ; Durrbach-Roussel, *Inscr. de Délos*, n⁰ 1412, p. 36, a l. 28 ; n⁰ 1414, p. 42, a, II, l. 1 ; n⁰ 1417, A II, l. 1 ; n⁰ 1423, p. 85, B a I, l. 17 ; n⁰ 1426, p. 92, B II, l. 2 ; n⁰ 1440, p. 134, A ; n⁰ 1442, p. 151, B, l. 30 ; n⁰ 1443 ; p. 167, B II, l. 91.

Apollon (temple d') [4]. — Apollon possède à lui seul trois temples répondant à diverses périodes constructives, qui ont été étudiées par M. Courby [5] :

a) le temple en tuf, le plus ancien [6].

b) le temple des Athéniens [7].

---

p. 148, pl. VI, trouvé au NE. de l'Agora des Italiens, au type du banquet funèbre, ne concerne pas Asklépios, mais Anios. Cf. BCH, LIII, 1929, p. 186, fig. 1 ; Roussel-Launey, *Inscr. de Délos*, n⁰ 2334. — Sur le culte d'Anios à Délos, DCA, p. 239 ; BCH, XI, 1887, p. 274 ; Lebègue, *Recherches*, p. 225 ; sur Anios, Pauly-Wissowa, *Real-Encyklopädie*, s. v. Anios, p. 2213 ; Roscher, *Lexikon*, s. v. Anios ; dédicaces à Anios, Roussel-Launey, *Inscr. de Délos*, n⁰ 1910, 1911, 2334 ; Texier, *Anios de Délos*, RA, 1934, II, p. 155.

1. Aphrodite à Délos, DCA, p. 240 sq.
2. Durrbach, *Inscr. de Délos*, N⁰ 365, p. 159, l. 44.
3. L'un peut être dans le hiéron d'Apollon, dans le voisinage du Kératôn, BCH, XXXIV, 1910, p. 179 ; XLVIII, 1924, p. 422, note 2 ; l'autre au N. de la colline du Théâtre, à mi-chemin de l'Héraion, BCH, LIII, 1929, p. 187. Cf. toutefois DCA, p. 240.
4. Sur le culte d'Apollon à Délos, DCA, p. 207.
5. Courby, BCH, XLV, 1921, p. 174 sq., pl. I-II ; E, XII, 1931.
6. Voir plus loin, Porinos neos.
7. Voir plus loin, Temple des Athéniens ou des 7 statues.

c) le grand temple, ὁ νεώς τοῦ Ἀπόλλωνος, commencé
entre 475-450, dont les travaux sont interrompus vers 425,
et repris après le départ des Athéniens (315), de 302 à 279[1].

Ces trois constructions ne se remplacent pas mutuelle-
ment, mais coexistent à un moment donné. A partir de
250 environ, le grand temple sollicite surtout la piété
des fidèles et leurs offrandes[2], qui ornent non seulement
la cella, mais aussi le pronaos[3]. Il cesse d'être affecté à
cet usage dans les dernières années de l'indépendance (avant
166), mais reparait toutefois dans les inventaires de la
seconde domination athénienne[4]

Inventaires du temple d'Apollon : les plus anciens, du temps
des Amphyctions, Lebègue, Recherches, p. 297 ; Le Bas, Inscr.
att. 242-5 (IVe s., Callistrate, 355, Evaenete, 335, Polémon,
312); liste donnée par Durrbach, IG, No 161, B, l. 66 sq. ;
cf. Inscr. de Délos, No 442, p. 163, B, l. 1 ; Homolle, Archives
des missions, XIII, 1887, p. 426.

Ire moitié du IIIe s., BCH, XXIX, 1905, p. 488, No 162, B ;
Hypsoclès, 279, Homolle, Archives, p. 122, No XIX; BCH, XIV,
1890, p. 407 ; XV, 1891, p. 139, B ; Ménécratès, 378, Homolle,
op. l., p. 122, No XX ; Sosimachos, 276, ibid. p. 123, No XXII;
vers 274, BCH, XXXII, 1908, p. 53 ; vers 269, BCH, XXIX,
1905, p. 480-1 ; Charilas, 269, Homolle, op. l., p. 126, No XXXIV ;
vers 260, ibid., p. 128, No XXXIX ; vers 259, ibid., p. 129,
No XLIII ; entre Hypsoclès et Sosisthénès, 279-250, BCH, XXIX,
1905, p. 483, 484 ; entre 260-250, BCH, XXXII, 1908, p. 64 ;
Sosisthénès, 250, Homolle, op. l., p. 130, No XLVI ; BCH,
XXVII, 1903, p. 89 ; Durrbach donne la liste des inventaires
depuis le No 287, Inscr. de Délos, No 442, p. 163, B, l. 1 ;
vers 241, ibid., No 297, p. 37, l. 1 ; Acridion, 240, ibid., No 290,
p. 48-9, l. 3 ; Homolle, op. l., p. 131, No XLIX ; Sosicos ?,
235-4, Durrbach, No 313, p. 67, l. 3 ; Anaxithénès II, 233, ibid.,
No 314, p. 76, l. 4 ; BCH, II, 1878, p. 583 ; Boulon, 234,
Homolle, op. l., p. 132, No LIV; vers 234, BCH, XXIX, 1905,
p. 509 ; Ménéthalès, 229, Durrbach, No 320, p. 92 ; 224, ibid.,
No 338, p. 109 ; Stésiléos II, 207, ibid., No 366, p. 168 ; Hérakleidès, 198, ibid., No 380, p. 28 ; fin du IIIe s., BCH, XXXII,
1908, p. 97 ; vers 198, Durrbach, op. l., No 380, p. 28 ; Dio-
genès, 196, ibid., No 385, p. 36, l. 1 ; Homolle, p. 140,
No LXXXI ; Chaireas, 194, Durrbach, No 396, p. 49, B, l. 1;
Homolle, p. 140, No LXXXII ; Polyxénos I, 192, Durrbach,

1. BCH, XLV, 1921, p. 175 sq. ; E, XII, p. 1, 105, 217.
2. Durrbach, Inscr. de Délos, No 442, p. 168-9.
3. Leicester et Davis, The porch-celling of the temple of Apollo on
Delos, AJA, XXXVIII, 1934, p. 71.
4. Durrbach, Inscr. de Délos, p. 348 (ad p. 163) ; No 442, p. 163.

No 399, p. 65, B, l. 1 ; Homolle, p. 140, No LXXXIII ; vers
190, Durrbach, No 421, p. 103, l. 21 ; vers 185, ibid., No 422,
p. 104 ; No 423, p. 105 ; No 424, p. 105 ; No 425, p. 107;
No 426, p. 107 ; No 427, p. 108 ; No 428, p. 109 ; No 435,
p. 111 ; No 438, p. 112 ; Télésarchidès II, 181, Durrbach,
No 439, p. 121 ; Homolle, p. 141, No LXXXV ; vers 180, Durrbach, No 454, p. 214 ; Démarès, 179, Durrbach, No 442, p. 163,
B, l. 1 ; Homolle, p. 142, No LXXXVII, p. 144, No XCVII ;
BCH, VI, 1882, p. 4, 15, 29 ; IX, 1885, p. 151 ; Xénotimos,
178, Durrbach, No 443, p. 190, Ba, et Bb, l. 1 ; Oineus, 177,
ibid., No 444, p. 198, B. l. 18 ; 175, ibid., No 448, p. 204,
B ; vers 175-166, ibid., No 468, p. 285, l. 1 ; Polybos, 174,
ibid., No 453, p. 213 ; Homolle, p. 145, No LXXXIX ; Parmé-
nion II, 173, Durrbach, No 455, p. 225 ; Homolle, p. 143,
No XCII ; vers 170, Durrbach, No 465, p. 283, d-f; Amphiclès
II, 169, Durrbach, No 461, p. 273, Ba ; Homolle, p. 144,
No XCV ; de 175-166, Durrbach, No 472, p. 287, No 493,
p. 294 ; No 468 bis, p. 301 (vers 175), No 469 bis, p. 301
(vers 170). Après 166, BCH, II, 1878, p. 321, 332-3 ; DCA,
p. 385, No 11 A, p. 397, No XVI ; Aristolas, 161-0, ibid.,
p. 385, No 111 ; peu après 161-0, ibid., p. 389, No IV ; vers
160, ibid., p. 389, No V ; Kallistratos, 156-5, ibid., p. 394,
No XIII ; 155-4, ibid., p. 396, No V ; Phaidrias, 153-2, ibid.,
p. 21, 398, No XX ; BCH, XXIX, 1905, p. 532, n° 28, 557, 562,
milieu du IIᵉ s. ; BCH, XXXIV, 1910, p. 184, l. 15 ; vers 146,
DCA, p. 399, No XXI ; avant 140, ibid., p. 400 ; vers 140,
ibid., p. 399, No XXIII ; p. 408, No XXVIII ; p. 409, No XXIX ;
Hagnotéos, 140-139 (anciennement désigné comme Archon),
ibid., p. 404, No XXVII ; Archives missions scientif., XIII, 1887,
p. 43, No 33 ; BCH, XXVII, 1903, p. 63-4.

Cf. encore BCH, II, 1878, p. 12, C ; p. 321 ; Homolle, Archives, p. 129, No XIX ; p. 125, No XXIX, No XXXl ; Durrbach, No 310, p. 58 ; No 315, p. 77, l. 1 ; No 386, p. 38.

En dernier lieu, inventaires depuis 166 : Durrbach-Roussel,
Inscr. de Délos, n° 1401, p. 5 c ; n° 1403, p. 13, n° 1408, p. 21,
A I ; n° 1409 ; n° 1413 ; n° 1421 ; n° 1423, p. 85, A a, A b;
n° 1428, p. 95 ; n° 1429, p. 102 ; n° 1430, p. 107 ; n° 1431 ;
n° 1432, p. 120, A a, l. 19 ; n° 1433, p. 123 ; n° 1439, p. 144;
n° 1441, p. 142 ; n° 1443, p. 166, A I et II ; n° 1449, p. 185;
n° 1450, p. 199, A ; n° 1451, p. 204 ; n° 1455-1464; n° 1469.
— Aucun inventaire n'a été conservé en entier ; on en a recons-
titué un à peu près intégralement avec des fragments, ibid.,
n° 1450, p. 198.

Artémis (sanctuaire d'), *Artémision*[1]. — A l'époque
amphyctionique, ce temple est le plus important et le prin-

_____

1. Sur le téménos d'Artémis et ses constructions, Courby, Le Téménos
d'Artémis, BCH, XLV, 1921, p. 174, 207, pl. III-IV ; Picard et Replat,
L'Artémision délien et les deux tombes des Vierges hyperboréennes,
BCH, XLVIII, 1924, p. 247 ; Vallois, L'Artémision, le monument des

cipal dépôt d'offrandes, mais il est ultérieurement moins achalandé[1].

Inventaires : Epoque amphyctionique, BCH, XXXII, 1908, p. 10, Nᵉ 2 ; Timocratès, 364, BCH, X, 1886, p. 461 ; *Archives des missions*, XIII, 1887, p. 426 ; vers 300, Homolle, *Les archives*, p. 119, Nᵉ X ; début du IIIᵉ s., *ibid.*, p. 129, Nᵒ XLIII, Nᵒ XLIII bis ; Hypsoclès, 279, BCH, XIV, 1890, p. 402 ; XV, 1891, p. 115 ; Homolle, p. 122, Nᵒ XIX ; *Archives des missions*, XIII, 1887, p. 428, Nᵒ 12 ; 278, Ménécratès, Homolle, p. 122, Nᵒ XX ; 276, Sosimachos, *ibid.*, p. 123, Nᵒ XXII ; 269, Charilas, *ibid.*, p. 126, Nᵒ XXXIV ; vers 260, *ibid.*, p. 128, Nᵒ XXXI, Nᵒ XLI ; entre 269-250, BCH, XXXII, 1908 ; p. 64 ; Sosisthénès, 250, Homolle, p. 180, Nᵒ XLVI ; BCH, XXVII, 1903, p. 86 ; vers 260, Homolle, p. 128, Nᵒ XL ; 250-240, Homolle, p. 132, Nᵒ LI ; vers 248, *ibid.*, p. 131, Nᵒ L ; peu après 244, Durrbach, *Inscr. de Délos*, Nᵒ 296, p. 33, l. 19 ; vers 240, *ibid.*, Nᵒ 299, p. 53 ; Acridion, 240, *ibid.*, Nᵒ 298, p. 51, l. 122 ; Homolle, p. 131, Nᵒ XLIX ; Sosicos ? 235-4, Durrbach, Nᵒ 313, p. 68, l. 96 ; vers 234, BCH, XXIX, 1905, p. 509, l. 106 ; p. 512 ; Boulon, 234, Homolle, p. 132, Nᵒ LIV ; 224, Durrbach, Nᵒ 338, p. 110, l. 1 ; 200, Sosistratos, Durrbach, Nᵒ 372, p. 14, Bc, l. 41 ; Homolle, p. 139, Nᵒ LXXVII ; fin du IIIᵉ s., Homolle, p. 137, Nᵒ LXXIV ; 196, Diogénès, Durrbach, Nᵒ 385, p. 37, g ; Nᵒ 385 bis, p. 38, l. 3 ; *Archives des missions*, XIII, 1887, p. 429, Nᵒ 24 ; 194, Chairéas, *ibid.*, Nᵒ 396, p. 49, l. 58 ; Homolle, p. 140, Nᵒ LXXXII ; Polyxenos I, 192, Durrbach, Nᵒ 399, p. 66, B, l. 114 ; Homolle, p. 193, Nᵒ LXXXIII ; vers 190, Durrbach, Nᵒ 407, p. 89, l. 1 ; Nᵒ 410 bis, p. 93 ; BCH, XXXV, 1911, p. 260 ; 181, Télésarchidès II, Durrbach, Nᵒ 439, p. 121, b. l. 23 ; Homolle, p. 141, Nᵒ LXXXV ; 179, Démarès, Durrbach, Nᵒ 442, p. 168, B, l. 179 ; Homolle, p. 142, Nᵒ LXXXVII ; BCH, VI, 1882, p. 179 ; 178, Xénotimos, Durrbach, Nᵒ 443, p. 190, Bl, l. 103 ; 177, Oineus, *ibid.*, Nᵒ 444, p. 198, B, l. 22 ; 174, *ibid.*, Nᵒ 457, p. 231, l. 1 ; Amphiclès II, *ibid.*, Nᵒ 461, p. 273, l. 15 ; 161-0, Aristolas, DCA, p. 385, Nᵒ III ; Kallistratos, 156-5, DCA, p. 394, Nᵒ XIII ; CE, p. 213 ; 153-2, Phaidrias, BCH, XXIX, 1905, p. 569 ; 140-139, Hagnothéos, DCA, p. 404, Nᵒ XXVII ; BCH, XXVII, 1903, p. 63 (dit Archon); 141-140, DCA, p. 403, Nᵒ XXVI ; vers 140, *ibid.*, p. 408, Nᵒ XXVIII ;

Hyperboréens, l'olivier sacré et le Kératôn, *ibid.*, 1924, p. 411 ; BCH, XLVII, 1923, p. 525 ; CRAI, 1923, p. 238 ; 1909, p. 410 ; Vallois, *Nouvelles archives*, p. 199 ; id., *L'architecture hellénique et hellénistique à Délos*, I, 1944, 46. L'Artémision.

Ces auteurs ne sont pas d'accord en tous points sur les identifications des diverses constructions du téménos d'Artémis. Sur le culte d'Artémis à Délos, DCA, p. 215. L'Artémision ἐπὶ τῆς τριόδου était un petit sanctuaire ou une statue d'Artémis assimilée à Hécate, Durrbach-Roussel, *Inscr. de Délos*, nᵒ 1417, p. 76, C, l. 47.

1. BCH, XV, 1891, p. 115 ; XXXII, 1908, p. 10.

Cf. encore, BCH, VI, 1882, p. 100 ; DCA, p. 215, note 8, 219, note 5, 218, Durrbach, *Inscr. de Délos*, No 295, p. 28 ; No 300, p. 55, l. 1 ; No 339, p. 112 ; No 367, p. 174 ; No 469, p. 286 ; No 298, A, l. 122 ; p. 51, donne la liste des inventaires ; tous sont incomplets après 250, No 287. — En dernier lieu, après 168 : Durrbach-Roussel, *Inscr. de Délos*, no 1403, p. 13, B a I ; No 1408, p. 21, A II ; no 1409, p. 29, B a, l. 94 ; B c II, l. 2 ; f et g ; no 1416, p. 54, A II, l. 28 ; no 1443, p. 166, B I, l. 90 ; no 1444, p. 172, A a ; no 1449, p. 186; no 1474, p. 217.

Artémis-Hécate (sanctuaire d'), *dans l'île*[1], ἐν νήσωι.

Inventaires : 235-4, Sosicos ? Durrbach, *Inscr. de Délos*, No 313, p. 68, l. 76 ; vers 234, BCH, XXIX, 1905, p. 510, l. 151, p. 513 ; Ménéthalès, 229, Durrbach, No 320, p. 93, l. 71 ; 156-5, Kallistratos, DCA, p. 392, No X ; 146-5, Métrophanès, *ibid.*, p. 401, No XXV; vers 140, *ibid.*, p. 408, No XXVIII.
Cf. encore, BCH, VI, 1882, p. 887, No 3 ; XXXV, 1911, p. 250, 287 ; Durrbach, No 330, p. 98 ; No 346, p. 117, B, l. 4. — En dernier lieu, depuis 166 : Durrbach-Roussel, *Inscr. de Délos*, no 1408, p. 22, D, l. 1 ; No 1417, p. 75, B I, l.151; No 1434, B, l. 1 ; No 1443, p. 167, B II, l. 153 ; No 1447, p. 173, B b ; No 1448, p. 176.

Asklépios (sanctuaire d'), *Asklépiéion*[2]. — On le reconnaissait jadis dans un temple du hiéron[3], mais ses ruines ont été depuis identifiées au bord de la baie de Phourni[4].

Mentionnons dans les inventaires un ἀσκληπιακόν, vase dédié à Asklépios[5].

1. Lebègue, *Recherches*, p. 31 ; 217 ; DCA, p. 218 ; Vallois, *L'architecture hellénique et hellénistique à Délos*, I, 1944, 96 ; Tréheux, BCH, LXX, 1946, L'Artémision ἐν νήσωι (l'identifie, non pas comme d'ordinaire, avec l'îlot du Grand Rhevmatiaris, mais avec Rhénée.)
2. Culte d'Asklépios à Délos, BCH, XXIX, 1905, p. 218 ; DCA, p. 237. Sur l'Asklépieion, BCH, XXXII, 1908, p. 40 ; XXXIV, 1910, p. 128 ; DCA, p. 237 ; Durrbach, *Inscr. de Délos*, No 290, p. 16. l. 192.
3. CRAI, 1907, p. 345 ; *Archives des missions*, XIII, 1887, p. 400.
4. BCH, XLV, 1921, p. 247, note 1 ; XLVIII, 1924, p. 487 ; L, 1926, p. 570 sq. ; LIII, 1929, p. 189 ; Durrbach, *Inscr. de Délos*, No 500, p. 306 ; No 507 bis, p. 322 ; Vallois, *L'architecture hellénique et hellénistique à Délos*, I, 1944, 98.
L'emplacement au bord de la mer se justifie par la possibilité offerte aux malades de prendre sur la plage le bain rituel, comme à l'Asklépieion du Pirée, Robert, *Rev. de philol.*, 1931, p. 134 ; id., *L'édifice appelé « Péristyle » à l'Asklépieion de Délos*, REG, LVII, 1944, X ; BCH, LVIII, 1934, p. 191. — Temple de la fin du ive ou du début du iiie siècle.
5. BCH, VI, 1882, p. 115.

Dodékathéon. La plus ancienne mention de cet édifice, de la fin du iv⁰ ou du début du iii⁰ s., situé près du « monument de granit » [1], remonte à 282 environ ; son appellation vient des douze statues qu'il renferme, οὗ τὰ δώδεκα ἀγάλματα. puis τὰ δώδεκα ; le nom Δωδεκάθεον paraît pour la première fois dans les comptes de 200-190 [2].

Inventaire : 156-5, Kallistratos, DCA, p. 392, Nᵒ X. — En dernier lieu, après 166 : Durrbach-Roussel, *Inscr. de Délos,* nᵒ 1417, p. 72, A I, l. 43 ; nᵒ 1424, p. 86, B ba.

Dieux égyptiens (sanctuaire des). L'histoire des divinités égyptiennes, Sérapis, Isis, Harpocrate, Anoubis, et de leurs sanctuaires, a été écrite par M. Roussel [3]. Le culte de Sarapis débute à Délos dans la première moitié du iii⁰ siècle. Son premier prêtre, Apollonios, ouvre une chapelle dans son propre logis ; son fils Démétrios lui succède ; le troisième prêtre, Apollonios II, fils de Démétrios, construit au dieu un édifice durable, le Sarapieion A, sans doute le plus ancien établissement [4]. Le Sarapieion B existe déjà en 202 [5]. Une des plus anciennes inscriptions trouvées dans le Sarapieion C, qui devient le sanctuaire officiel [6], date du début du iii⁰ siècle, mais à cette époque, le sanctuaire n'existait sans doute pas encore [7] : une offrande y est consacrée en 215 [8], mais la plupart des monuments n'y sont pas

---

1. Soit au N. du hiéron d'Apollon et au S. du Letôon, dans un péribole entamé ultérieurement lors de la construction de l'Agora des Italiens. Son emplacement, Vallois, BCH, LIII, 1929, p. 185, 225 sq., pl. VI ; id., *L'architecture hellénique et hellénistique à Délos*, I, 1944, 77 (date, fin du iv⁰ s.) ; RA, 1944, II, 31. Sur cet édifice, étude manuscrite de Will, CRAI, 1940, 266.

2. BCH, XXXIV, 1910, p. 128 ; XXXV, 1911, p. 251 ; LIII, 1929, p. 225 sq.

3. Roussel, *Les cultes égyptiens à Délos du IIIᵉ au Iᵉʳ siècle av. J.-C.*, 1916 ; résumé, DCA, p. 249, date des sanctuaires, p. 291 ; Hatzfeld, *Les trafiquants*, p. 357 ; Vallois, *L'architecture hellénique et hellénistique à Délos*, I, 1944, 93. — Textes relatifs aux divinités égyptiennes, Roussel-Launey, *Inscr. de Délos*, nᵒ 2037 sq.

4. CE, p. 245, 249, 251, 262, 263.

5. *Ibid.*, p. 245, 251.

6. *Ibid.*, p. 251, 263, Nᵒ 2, 256 sq.

7. *Ibid.*, p. 117.

8. *Ibid.*, p. 251.

antérieurs à 140 environ[1]. Le culte d'Isis est introduit à Délos avant celui de Sarapis, car une inscription de la fin du IVe ou du début du IIIe siècle mentionne cette déesse, mais il n'est alors pratiqué qu'obscurément[2].

Inventaires :

M. Roussel a énuméré les inventaires des sanctuaires égyptiens. Ceux qui sont antérieurs à 166 sont peu nombreux : l'un est sans doute de 182, deux autres de date incertaine, sans doute du début du IIe siècle[3]. Après 166[4] : 157-6, Anthestérios[5] ; 156-5, Kallistratos[6] ; 146-5, Métrophanès[7] ; entre 156-140,[8] ; postérieur à Métrophanès[9] ; divers fragments[10]; le dernier inventaire en date que nous possédons est ultérieur à 140[11].

Durrbach - Roussel, *Inscr. de Délos*, no 1412, p. 37, a, l. 47 ; no 1415 ; no 1416, p. 54, A I, l. 1 ; no 1417, p. 74. A II, l. 141 ; 159, B I, l. 8 ; B I, l. 17 ; no 1434, p. 124 ; no 1435, p. 125 ; no 1440, p. 135, B ; no 1442, p. 151, A, l. 1 ; l. 35 ; l. 42 ; no 1443, p. 174, B ; no 1452, p. 209 ; no 1453 ; no 1454.

Eileithyia (sanctuaire d'), Eileithyaion.

Le sanctuaire d'Artémis-Eileithyia est situé à l'E. de la cime méridionale du Cynthe[12] ; le texte de 146-5 est le dernier qui en fasse mention[13]. Vers le milieu du IIe siècle, les offrandes sont transportées dans le temple d'Artémis.

1. CE, p. 256.
2. *Ibid.*, p. 251, 275. Sur ce culte, p. 275 ; le temple d'Isis est dédié vers 150, p. 264 ; sur Sarapis, p. 274 ; sur Harpocrate à Délos, p. 277 ; sur Anoubis, p. 276.
3. CE, p. 209, A, Inventaires antérieurs à 166.
4. *Ibid.*, p. 211, B, Inventaires de l'époque athénienne.
5. DCA, p. 391, No IX.
6. CE, p. 213 ; DCA, p. 392, No X.
7. CE, p. 230 ; DCA, p. 401, No XXV.
8. DCA, p. 399, No XXII ; CE, p. 229.
9. DCA, p. 409, No XXX ; CE, p. 212.
10. CE, p. 211-2.
11. DCA, p. 409, No XXI.
12. Fouilles, description, description, E, XI, p. 293 ; BCH, XXXII, 1908, p. 45, 46 ; XLVI, 1922, p. 58 sq., Demangel, Un sanctuaire d'Artémis Eileithyia à l'Est du Cynthe.
13. E, XI, p. 307.

Inventaires, après 166 : Durrbach-Roussel, *Inscr. de Délos,* nº 1400, p. 4, l. 43 ; nº 1403, p. 14, B b, I, l. 97 ; Vallois. *L'architecture hellénique et hellénistique à Délos,* I, 1944, 51.

Ekklésiasterion [1].

Inventaires : après 166, Durrbach-Roussel, *Inscr. de Délos,* nº 1417, p. 72, A I, l. 32.

Graphé, édifice près de l'Ekklésiasterion.

Dans le voisinage de l'Ekklésiasterion [2], lequel est situé près de l'Artémision, au N. du hiéron, se trouve un édifice que les inscriptions dénomment οἶκος ὁ πρὸς τῶι Ἐκκλησια-στηρίωι ; il renferme un portrait de la reine Arsinoé II, la sœur et l'épouse de Ptolémée II, morte en 270 [3], qui est dédié par Ptolémée ; puis d'autres œuvres, sans doute des tableaux ; de là aussi le nom de ὁ οἶκος ἐν ὧι αἱ γραφαί, ὁ οἶκος οὗ ἡ γραφὴ τῆς Ἀρσινόης, plus simplement αἱ Γραφαί. ἡ Γραφή [4].

Inventaires : Oikos, etc., BCH, XXVIII, 1904, p. 409, Nº 5 ; LIII, 1929, p. 302, note 3 ; DCA, p. 392, X, Kallis-tratos, 156-5 ; — Graphé, Graphai; BCH, XXXV, 1911, p.83-4, 250 ; Durrbach, *op. l.,* Nº 298, p. 50, l. 122, Acridion, 240. Durrbach-Roussel, *Inscr. de Délos,* nº 1417, p. 72, A, I, l. 8.

Héra (sanctuaire d'), Héraion [5]. L'ancien Héraion, qui existe déjà au VIIᵉ siècle, est remplacé par le nouvel Héraion, vers la fin du VIᵉ ou le début du Vᵉ siècle [6]. Le dépôt votif

1. Identification de l'édifice, BCH, LIII, 1929, p. 278.
2. BCH, LIII, 1929, p. 278 sq., pl. VI, IX.
3. Sur ce portrait, Vallois, *Mélanges Holleaux,* p. 292-3.
4. Sur cet édifice et ses divers noms, BCH, XXXV, 1911, p. 83-4, 250 ; LIII, 1929, p. 302, pl. IX ; E, XI, p. 227 ; Durrbach, *Inscr. de Délos,* Nº 400, p. 69 ; Nº 403, p. 78, l. 8 ; Vallois, *L'architecture hellénique et hellénistique à Délos,* 1944, 58, 61.
Voir plus haut, pour Arsinoé II, le Philadelpheion, anciennement temple d'Agathé Tyché.
5. Culte d'Héra à Délos, DCA, p. 244 ; Picard, RAAM, 1924, I, p. 182; Gallet de Santerre, Héra et Léto à Délos, BCH, LXX, 1946, 208.
Sur l'Héraion et son dépôt archaïque, E, XI, p. 145 sq. ; Picard, RAAM, 1924, I, p. 81, 175 ; Vallois, *L'architecture hellénique et hel-lénistique à Délos,* I, 1944, 79.
6. E, XI, p. 164, 184 sq., 204. M. Roussel abaisse trop la date du second édifice, à la fin du Vᵉ siècle, DCA, p. 245, note 2 ; CE, p. 49 ; E, XI, p. 204, note 2.

de céramique atteste cependant que le culte de cette déesse, installé aux environs de 65o, n'a tout son prestige qu'aux environs de 6oo[1]; il persiste aux IIIe et IIe siècles[2], comme en font foi les inventaires.

Inventaires : Peu après 166, DCA, p. 385, N° 11, B ; 156-5, Kallistratos, *ibid.*, N° X ; E, XI, p. 213 ; 146-5, Métrophanès, DCA, p. 4o1, N° XXV ; E, XI, p. 213 ; entre 156-14o, DCA, p. 397, N° XVII. En dernier lieu, après 166 : Durrbach-Roussel, *Inscr. de Délos*, n° 14o3, p. 14, B b, II, l. 6 ; n° 1412, p. 37, a, l. 35 ; n° 1417, p. 73, A II, l. 21 ; n° 1426, p. 92, B II, l. 22 ; n° 1442, p. 151, B, l. 44 ; n° 1443, p. 167, B II, l. 112.

Hiéropoion[3]. La rubrique ἐν τῶι ἱεροποίωι se rencontre pour la première fois dans les inventaires des hiéropes sous l'archonte Phillis, et disparaît depuis Hypsoclès, en 279. L'hiéropoion n'aurait-il donc servi alors que momentanément comme dépôt d'offrandes, versées plus tard dans l'Artémision[4] ? Une collection de vases de fêtes s'y forme sous les archontats de Ménékratès et de Sosimachos (IIIe s.), pour être transportée dans l'Andriòn Oikos entre 269 et 259, puis partagée entre cet édifice et le temple d'Apollon avant 25o[5]. Ce dernier inventaire date du temps de Ménéthalès, en 229[6].

Durrbach-Roussel, *Inscr. de Délos*, n° 14o9, p. 29, B a, II, l. 6 ; Vallois, *L'architecture hellénique et hellénistique à Délos*, I, 1944, 22 ; IG, XI, 154, B. 1, l. 1, 56 et commentaires.

Léto (sanctuaire de), *Létôon*[7]. Ce sanctuaire avait été situé par Courby dans le téménos d'Artémis et identifié au temple D[8] ; M. Vallois en a fixé l'emplacement à l'ouest de

1. E, X, p. 7.
2. E, XI, p. 213.
3. BCH, XXXII, 19o8, p. 44.
4. BCH, XXIX, 19o5, p. 457-8, 45o, face B.
5. BCH, LV, 1931, p. 3o2.
6. Durrbach, *Inscr. de Délos*, N° 32o, p. 93, l. 69.
7. Culte de Léto à Délos, DCA, p. 221 ; Bethe, *Leto auf Delos*, Hermes, 71, 1936, p. 351 (Le Létôon serait le plus ancien sanctuaire de Délos ; le culte remonterait à l'époque préhellénique).
8. BCH, XLV, 1921, p. 229 sq.

l'étang sacré, touchant à l'ouest l'Agora des Italiens [1] ; le temple fut construit vers le milieu du vi[e] s. Léto est aussi honorée sur le Cynthe, comme en témoigne une inscription [2].

Inventaires : « Bien que plusieurs textes anciens citent le Létôon, ce temple ne figure dans aucun inventaire », a-t-on dit, BCH, XV, 1891, p. 128. Ceci est inexact ; toutefois les inventaires de ce sanctuaire ne paraissent que sous la seconde domination athénienne, BCH, XLV, 1921, p. 231. — 156-5, Kallistratos, DCA, p. 392, N° X ; entre 156-140, *ibid.*, p. 397, N° XVII ; cf. *ibid.*, p. 221 ; Durrbach-Roussel, *Inscr. de Délos.* n° 1417, p. 73, A, I, l. 100 ; n° 1426, p. 92, B I, l. 25.

Métrôon. Le culte de Cybèle existe dès le iiie siècle, mais l'emplacement de son sanctuaire est incertain ; il n'est pas sûr qu'il soit dans le voisinage du Sarapieion C ; peut-être n'est-il qu'une chapelle dans le sanctuaire des dieux égyptiens [3]. On y dépose au iie siècle des documents officiels, des offrandes, et il est incidemment cité dans l'inventaire de Kallistratos, 156-5.

Naxiens des (Oikos), Ναξίων οἶκος. Remontant à l'époque préhellénique, il est situé au sud-ouest du temple d'Apollon [4], près de l'Apollon colossal et de la Stoa [5] érigés par les mêmes Naxiens.

1. BCH, LIII, 1929, p. 205, pl. VI ; XLVIII, 1924, p. 250-1 ; E, XI, p. 284, note 3 ; *Nouvelles archives des missions*, XXI, 1922, p. 204 ; Vallois, *L'architecture hellénique et hellénistique à Délos*, I, 1944, 68.
  Sur le Létôon, cf. encore, BCH, XXV, 1905, p. 456 ; XXXII, 1908, p. 44 ; Bethe, *Das archaische Delos und sein Letôon*, Hermes, 72, 1937, 190 ; id., *Die Antike*, XIV, 81 ; cf. REG, LII, 1939, 286. L'auteur place dans le téménos de cette déesse le Kératôn, et les fêtes apolliniennes de la période archaïque. — Gallet de Santerre, *Héra et Léto à Délos*, BCH, LXX, 1946, 208.
2. E, XI, p. 284, ΟΡΟΣ ΛΗΤΟΣ.
3. DCA, p. 45 ; E, XI, p. 269, notes 2-3 ; Vallois, 86. — Représentations de Cybèle à Délos, E, XVIII, 10, n. 3.
4. Fouilles et emplacement, CRAI, 1909, p. 411 ; 1910, p. 313 ; BCH, XLV, 1921, p. 233, 235, 533, pl. VII ; E, VII, 1, Le portique de Philippe, p. 3, fig. 3, N° VII, p. 210 ; Vallois, *L'architecture hellénique et hellénistique à Délos*, I, 1944, 16 ; 2, L'oikos des Naxiens, relation avec l'édifice δ ; 3, L'oïkos primitif (vestiges d'un édifice primitif dans l'oïkos des Naxiens, qui en est la reconstruction sur un plan élargi).
5. Stoa, élevée au vi[e] siècle, à l'angle Sud-Ouest du hiéron ; BCH, XLV, 1921, p. 238, pl. VII ; E, VII, 1, p. 150.

Inventaires : ıv^e siècle, BCH, VI, 1882, p. 88 ; VIII, 1884, p. 322.

Néocorion. Il existe plusieurs νεωκόρια, dans le Thesmophorion [1], dans l'Artémision [2].

Inventaires : BCH, VI, 1882, p. 87, N° 2 ; VIII, 1884, p. 322 ; Homolle, Les archives, p. 119, N° X ; Durrbach, *Inscr. de Délos*, N° 154, A, l. 65, N° 461, p. 273, l. 35.

Neôrion. — Cf. n° 56, temple des Taureaux.

Inventaires : Durrbach-Roussel, *Inscr. de Délos*, n° 1403, p. 13, BB, I, P. 39 ; n° 1405.

Plinthinos oikos, πλίνθινος οἶκος. Remonte à la période préhellénique [3].

Inventaire : 269, Charilos, Homolle, *Les archives*, p. 126, N° XXXIV.

Porinos Neos et temple des Déliens. — Le plus ancien temple d'Apollon, qui renferme la statue du dieu par Tektaios et Angélion, est bâti en tuf avant le milieu du vı^e siècle, et il est restauré au vı^e s. [4]. Son nom officiel est le temple des Déliens, Δηλίων νεώς [5], et il est jusqu'au début du ıı^e siècle le temple officiel d'Apollon [6]. L'appellation νεὼς ὁ πώρινος apparaît pour la première fois en 282 ; à cette époque, entre 282 et 279, il est restauré, mais on le dépouille de ses offrandes. Puis on constitue, à partir de 274, une nouvelle collection d'offrandes dans le temple remis à neuf [7]. Avant 250 encore, la statue de Tektaios et d'Angélion est transférée dans le temple d'Apollon [8].

Au début du ıı^e siècle, l'édifice cesse d'être un temple

1. BCH, XXXIV, 1910, p. 128 ; LIII, 1929, p. 274.
2. BCH, XXXIV, 1910, p. 179 ; XLV, 1921, p. 227 ; XLVIII, 1924, p. 412. Construit en 208. Cf. encore, BCH, XXXII, 1908, p. 46 ; Vallois, *L'architecture hellénique et hellénistique à Délos*, I, 1944, 49.
3. Vallois, *L'architecture hellénique et hellénistique à Délos*, I, 1944, 18.
4. E, XII, p. 213 sq. ; BCH, XLV, 1921, p. 205.
5. BCH, XLV, 1921, p. 202 sq. ; E, XII, p. 224, 225.
6. BCH, XLV, 1921, p. 186.
7. BCH, XLV, 1921, p. 202 sq., 187 ; E, XII, p. 226, 232-3.
8. BCH, XLVIII, 1924, p. 427, note.

et devient le πώρινος οἶχος[1]. Les trois temples d'Apollon, celui-ci, le temple des Athéniens et le grand temple d'Apollon, contigüs, ont été identifiés et décrits par M. Courby[2].

Inventaires du Délion Neos, BCH, VI, 1882, p. 87-8 ; XV, 1891, p. 141 ; XXXII, 1908, p. 39 ; avant 364, BCH, XXIX, 1905, p. 419, l. 8 ; 364, Timocratès, *ibid.*, X, 1886, p. 465, l. 120 ; 269, Chariléos, Homolle, *Les archives*, p. 126, N° XXXIV ; 181, Télésarchidès II, Durrbach, *Inscr. de Délos*, N° 439, p. 121, l. 21 ; XLV, 1925, p. 204.

du Porinos, à partir du début du IIIe siècle[3] : 281-271. Homolle, *op. l.*, p. 69 et note 1 ; vers 260, *ibid.*, p. 128, N° XXXIX; vers 257, Durrbach, N° 226 bis, p. 207, l. 19 ; 250, Sosithénès, Homolle, *op. l.*, p. 130, N° XLVI ; BCH, XXVII, 1903, p. 95 ; 250-240, Homolle, p. 132, N° LIV ; Durrbach, N° 296, p. 33, l. 14 ; 240, Acridion, Homolle, p. 131, N° XLIX ; Durrbach, N° 298, p. 50, l. 116 ; 235-4, Sosicos ?, Durrbach, N° 313, p. 68, l. 92 ; 234, Boulon, Homolle, p. 132, N° LIV ; vers 234, BCH, XXIX, 1905, p. 512, l. 99; 229, Ménéthalès, Durrbach, N° 320, p. 92, l. 4 ; Homolle, p. 133, N° LVI ; 224, Durrbach, N° 338, p. 190, l. 4 ; vers 215, Homolle, p. 136, N° LXVIII ; 181, Télésarchidès II, Durrbach, N° 439, p. 121, b, l. 20 ; 179, Démarès, BCH, VI, 1882, p. 48, N° 179 ; Homolle, p. 142, N° LXXXVIII ; Durrbach, N° 442, p. 168, B, l. 179 ; 178, Xénotimos, Durrbach, N° 443, p. 190, Bb, l. 102 ; 177, Oineus, *ibid.*, N° 444, p. 198, B, l. 18 ; 174, *ibid.*, N° 457, p. 231, l. 26 ; après 166, DCA, p. 398, N° XVIII ; cf. encore BCH, VI, 1882, p. 100 ; Durrbach, N° 358, p. 143, l. 52; N° 199, B, l. 31, référ. — Après 166 ; Durrbach-Roussel, *Inscr. de Délos*, N° 1403, p. 14, B b. I, l. 61 ; n° 1417, a I; n° 1425, I, l. 3 ; 1443, p. 167, B II, l. 82.

Posideion.

Peut-être inventaire de cet édifice : Durrbach-Roussel, *Inscr. de Délos*, N° 1417, p. 72, A, I, l. 47. — Sur le Posideion, Roussel-Launey, *Inscr. de Délos*, N° 2483, référ.

Prytanée. On y dépose les vases achetés sur les revenus

---

1. E, XII, p. 226, 232-3 ; BCH, XLV, 1921, p. 206-7. Cf. les divers noms, E, XII, p. 226.

2. E, XII ; voir plus haut, temple des Athéniens ; temple d'Apollon. On avait jadis faussement dénommé Porinos Oikos un édifice à l'angle Nord-Ouest du téménos, près de la salle hypostyle, E, II, p. 3, note 2, fig. 2, N° 7 ; Homolle, *Les archives*, plan de Nénot ; id., *Archives des missions*, XIII, 1887, p. 392. — Cf. Vallois, *L'architecture hellénique et hellénistique à Délos*, I, 1944, 21. Le temple de poros.

3. Homolle, *Les archives*, p. 127.

des fondations perpétuelles [1]. Les inscriptions choragiques portent dès le IIIe siècle des listes de vases provenant sans doute de ce fonds spécial, déjà mentionné vers 270 [2]. L'édifice a été identifié au S. E. du temple d'Apollon [3].

Inventaires. — 268, Kallinos, Homolle, *Les archives*, p. 127, no XXXVI, A ; 265, Proclès, *ibid.*, no XXXVI, B ; 263, Archédamos, *ibid.*, no XXXV, C ; 259, Phillis, p. 127, no XXXVII; No XXXVIII; vers 250, *ibid.*, p. 79 ; vers 216, Tlésiménès, *ibid.*, p. 135, No LXVI ; 158-7 ; Anthestérios, RA, 1911, II, p. 86 ; DCA, p. 2, 391, No IX ; 156-5, Kallistratos, RA, 1911, II, p. 85; DCA, No 392, No X.
Cf. Homolle, *op. l.*, p. 15 (compte 15 inventaires du Prytanée); DCA, p. 221, note 11.
Durrbach-Roussel, *Inscr. de Délos*, No 1416, p. 54, A, I, l. 83 ; No 1417, p. 75, B I, l. 89; Roussel, RA, 1911, II, p. 86; Tréheux, Etudes d'épigraphie délienne, BCH, LXVIII-IX, 1944-5, 271, I, Les inventaires du Prytanée, IG, XI, 2, nos 110-134.

Thesmophorion (*sanctuaire de Déméter et de Koré*) [4]. L'emplacement de ce sanctuaire, qui est construit au Ve siècle (entre 489-480), a été situé au N. du hiéron, près de la salle hypostyle, et touchant l'Artémision [5].

Inventaires : 156-5, Kallistratos, DCA, p. 392, No X ; CE, p. 213; entre 156-140, DCA, p. 397, No XVII ; 146-5, Métrophanès, *ibid.*, p. 401, No XXV ; 141-0, *ibid.*, p. 403, No XXVI, B ; vers 140, *ibid.*, p. 408, No XXVIII. Cf. BCH, LIII, 1929, p. 267. En dernier lieu, après 166 : Durrbach-Roussel, *Inscr. de Délos*, No 1417, p. 72, A, I, l. 49 ; No 1424, p. 86, B b a ; No 1426, p. 92, B I, l. 1; No 1442, p. 151, B, l. 16; No 1443, p. 167, C, l. 108 ; No 1444, p. 173, B a, l. 1 ; No 1447, p. 175.

Edifices indéterminés. Quelques parties d'inventaires concernent des édifices que l'on n'a pu encore identifier, par exemple :

1. BCH, XXXII, 1908, p. 44 ; Homolle, *Les archives*, p. 15 sq.
2. *Archives des missions*, XIII, 1887, p. 413, p. 427, No 6 ; BCH, VII, 1883, p. 110, 112, 113, 115, 118 sq., 124-5 (provenant sans doute du Prytaneion); IX, 1885, p. 146 sq., 153, 156; XXXII, 1908, p. 58, 61.
3. DCA, p. 47, note 6, 235, note 5, 292.
4. Culte de ces divinités à Délos, DCA, p. 242.
5. BCH, XXIX, 1905, p. 454 ; XXXII, 1908, p. 42 ; XLV, 1921, p. 247, note 1 ; surtout LIII, 1929, p. 192, 250 sq., pl. VI, IX ; LVIII, 1934, p. 192 ; DCA, p. 242 ; Vallois, *L'architecture hellénique et hellénistique à Délos*, I, 1944, 77.

Vers 185, Durrbach, *Inscr. de Délos*, N° 431, p. 110 ; N° 437. p. 112 ; 181, Télésarchidès II, *ibid.*, N° 439, p. 121, c, l. 13 ; entre 180 et 165, BCH, XXVII, 1903, p. 401 ; après 166, DCA, p. 398 ; 156-5, Kallistratos, *ibid.*, p. 392, N° X, p. 391; après 140, *ibid.*, p. 409, N° XXXI ; vers 140, *ibid.*, p. 408, N° XXVIII ; cf. encore, BCH, XXIX, 1905, p. 417 ; Durrbach, *Inscr. de Délos*, N° 394, p. 40.

Durrbach-Roussel, *Inscr. de Délos*, N° 1404 ; N° 1405-1406; N° 1408, p. 22, B; N° 1414, p. 42 ; N° 1417, p. 72, A, I, l. 1 ; N° 1426, p. 92, A, I, N° 1443 ; p. 167, B II, l. 72 ; N° 1471, p. 216; N° 1472; N° 1475; N° 1476.

66. — *Transfert d'offrandes d'un temple à un autre.* —
Ce mobilier change parfois de locaux [1]. Lors des travaux dont le Δηλίων νεώς (Porinos Neos) est l'objet en 282 et 279, il est dépouillé de ses offrandes ; les objets en or sont déposés en 279 dans le temple d'Apollon, et les bronzes dans la Chalcothèque [2]. On transfère des pièces de l'Artémision dans le temple d'Apollon [3]; inversement, des couronnes de Kallikratès, jadis dans le temple d'Apollon, sont placées dans l'Artémision [4]. Peu après 166, ce dernier reçoit les offrandes du Sarapieion C, non tant pour dépouiller celui-ci de ses richesses que pour y faire la place nécessaire à de nouveaux dons [5] ; on y verse aussi au début du IIe siècle celles de l'Eileithyaion [6] ; d'autre part, un vase dédié à Eileithyia se trouve dans le temple d'Apollon [7]. L'hiéropoion ne sert que momentanément de dépôt d'of-

1. BCH, VI, 1882, p. 91 ; XXIX, 1905, p. 567.
2. BCH, XLV, 1921, p. 204 ; E, XII, p. 224, 225, 230.
3. BCH, VI, 1882, p. 92, note 1. Un cratère, dédié par le philosophe pythagoricien Parmiskos, d'abord dans l'Artémision, est transféré dans le temple d'Apollon ; en 179, il figure dans l'édifice des Andriens, déjà mutilé, et on en mentionne les morceaux ; plus tard on le retrouve de nouveau dans le temple d'Apollon. Durrbach-Roussel, *Inscr. de Délos*, n° 1450, p. 201, l. 142.
4. Durrbach, *Inscr. de Délos*, N° 296, p. 33, l. 27.
5. CE, p. 263, 209, A, 213 ; DCA, p. 215, 385, N° II, B, 392, N° X. — Offrandes transportées du Sarapieion dans l'Artémision : Durrbach-Roussel, *Inscr. de Délos*, n° 1403, p. 14, B b, II, l. 40 ; n° 1412, p. 37, a, l. 47 ; n° 1417, p. 73, A, II, l. 59 ; n° 1421, p. 82, B b.
6. BCH, VI, 1882, p. 142 ; XXXIV, 1910, p. 185 ; DCA, p. 248 ; E, XI, p. 306, et note 13-4.
7. DCA, p. 5, 248, note 2.

frandes, qui sont portées plus tard dans l'Artémision [1]. On enlève aussi des ex-voto de l'oikos des Andriens pour les mettre dans le temple d'Apollon [2].

67. — *Arrangement des offrandes dans les temples.* — Les inventaires apprennent comment les offrandes sont disposées [3]. On les suspend aux plafonds [4], aux murs [5], d'où elles tombent parfois [6] ; on les monte sur des colonnettes de pierre, de bois [7] ; sur des bases de pierre [8], de bois [9] ; sur des trépieds de bois [10], de métal ; sur des tables [11] ; sur des planchettes, des bandeaux [12] ; on les dispose sur des éta-

1. BCH, XXIX, 1905, p. 457-8. — Une kylix θερίκλειος, don de Pytheios (fin du ɪ ve siècle), dans le temple d'Apollon, figure dans un inventaire de l'hiéropoion, où elle a été transformée en phiale avant 279, puis elle est transférée dans l'Artémision, plus tard dans le temple d'Apollon. Durrbach-Roussel, *Inscr. de Délos*, nº 1429, p. 102, B II, l. 9.

2. BCH, XXIX, 1905, p. 567-8. Voir aussi note 3.

3. BCH, VI, 1882, p. 89 sq., 99, 106 ; DA, Donarium, p. 378, *Monuments grecs*, nº 7, 1878, p. 43.

4. Ainsi dans l'Héraion, les grenades de terre cuite sont sans doute suspendues au plafond, E, X, p. 4.

5. κρεμάμενα πρὸς τῶι το χωι, couronnes, phiales, etc., BCH, VI, 1882, p. 32, Nº 34, 107 ; Durrbach, *Inscr. de Délos*, Nº 380, p. 26, l. 65 ; parmi les vases archaïques en terre cuite de l'Héraion, des plats, des coupes n'ont qu'un décor intérieur ou extérieur, ce qui démontre que ces objets devaient être suspendus au mur, E, X, p. 4.

6. Phiales pendues, dont quelques-unes sont tombées, BCH, XXXV, 1911, p. 261, note 1.

7. (κάδον) ἄλλον ἐπὶ κιονίου ξυλίνου, CE, p. 218, l. 154 (Kallistratos, 156-5) ; figurine à tête d'épervier, πρόσωπον ἔχον ἱέρακος ἐπὶ κιονίου ξυλίνου, BCH, XXIX, 1905, p. 572.

8. BCH, X, 1886, p. 470 ; XXIX, 1905, p. 543. Ἐπὶ βάσεως λιθίνης.

9. DCA, p. 399, Nº XXI, ἐπὶ βάσεως ξυλίνης ; Durrbach, *Inscr. de Délos*, Nº 442, p. 152, l. 192 ; Nº 443, p. 185, l. 117 ; phiales, BCH, VI, 1882, p. 32-3, Nº 34-6, 110 ; XV, 1891, p. 148 : ἐμ πλιν-θείοις, ἐμ πλινθείωι, ἐν λίθωι, φιάλας ἐμ πλαισίωι; DCA, p. 400.

10. βωμίσκον ἐπὶ τριποδίου ξυλίνου καθημένον, CE, p. 218, l. 151 ; κάδον ἐπὶ τριποδίσκου ξυλίνου, *ibid.*, p. 218, l. 151 ; ἄλλον ἐπὶ τριπο-δαβακίου ξυλίνου, *ibid.*, p. 218, l. 153.

11. (κάδον) ἄλλον ἐπὶ τραπεζίου ξυλίνου, CE, p. 218, l. 156.

12. ὅρμος χρυσοῦς ἐπὶ ταινιδίωι, BCH, XXXV, 1911, p. 260, l. 11; Durrbach, *Inscr. de Délos*, Nº 443, p. 186, l. 126 ; Nº 461, p. 270, l. 34; ἐνώτια δύο ἐπ' ταινιδίου, *ibid.*, Nº 226 bis, p. 297, l. 7; περιδέραια χρυσᾶ ἐπὶ ταινιδίου, *ibid.*, Nº 444, p. 194, l. 44 ; περισκελίδιον ἐπὶ ται-νιδίου, BCH, XXIXV, 1910, p. 181, l. 18. Cf. couronnes, diadèmes, bijoux divers, E, XVIII, p. 299, nºˢ 163 sq.

gères, des rayons, ou à terre [1]. Les objets délicats ou précieux sont renfermés dans des coffres, des coffrets, des
écrins, en bois, pierre, ivoire, métal [2], dans des étuis, des
enveloppes diverses, des étoffes [3], dans des vases de terre [4].
Quant aux pièces de monnaies, on les garde dans des
jarres, des vases, des plats [5].

D'autres ex-voto sont attachés au lit [6], au trône [7] de la
divinité ; des colliers, des couronnes, des vêtements de prix
revêtent les images sacrées.

Certaines offrandes analogues, surtout les phiales, sont
groupées en séries de même nombre ou à peu près et constituent des ῥυμοί ; chaque rumos peut être un rayon sur
lequel les objets sont placés, ou une série d'objets mis
ensemble sur la balance jusqu'à concurrence d'un poids
déterminé [8]. On donne parfois aux offrandes des numéros
d'ordre [9].

Nous ne cherchons pas ici à dénombrer les multiples
façons de conserver et de présenter les offrandes dans les
sanctuaires ; on trouvera d'autres variantes dans la description de chaque catégorie d'objets [10].

68. — *Descriptions des inventaires.* A certaines dates, on
dresse l'inventaire des offrandes ; les nouvelles sont enregistrées avec détails, les plus anciennes le sont sommaire-
ment, souvent réunies et confondues en une rubrique com-

1. E, X, p. 4 ; BCH, VI, 1882, p. 89 sq.
2. BCH, VI, 1882, p. 90 ; E, XVIII, nos 116 sq.
3. σφαῖρα χρυσῆ ἐν ἐλύτρωι, Durrbach, *Inscr. de Délos*, No 369,
p. 179, l. 6 ; No 380, p. 26 ; No 439, p. 114, l. 12 ; No 453, p. 213,
l. 8 ; No 455, p. 220, l. 13 ; No 461, p. 266, l. 13. Dans des étoffes,
E, XVIII, no 130.
4. ἐν κώθωνι κεραμείωι, BCH, XXIX, 1905, p. 543.
5. E, XVIII, nos 185-6.
6. ὅρμος ὁ πρὸς τῶι κλισμῶι, BCH, XXVII, 1903, p. 87 ; XXXII,
1908, p. 64, l. 27.
7. ὅρμος ὁ πρὸς θρόνωι, BCH, XV, 1891, p. 130.
8. Sur le sens de ce mot, BCH, VI, 1882, p. 31 ; X, 1886, p. 470 ;
XV, 1891, p. 115 ; XXXI, 1907, p. 53 ; XXXIV, 1910, p. 185 ; DA,
Donarium, p. 378, note 188.
9. BCH, VI, 1882, p. 89 ; XXIX, 1905, p. 485.
10. E, XVIII, passim.

mune [1]. On catalogue surtout les objets dont il faut prévenir la perte ou le détournement ; ceux qui sont en or,
ou dorés, en argent ou argentés, en bronze ; parfois, quelques ustensiles et meubles en ivoire, fer, bois, pierre, par
exemple des casseroles, des broches, des réchauds, des
brûle-parfums, des tables, des lits [2]. Les statues de métal,
que leurs dimensions préservent des risques, ne sont pas
enregistrées, mais on indique avec soin leurs débris [3]. Nous
obtenons d'utiles renseignements sur la terminologie technique des matières : ce sont des objets en or, χρυσοῦς ;
dorés, περίχρυσος, ἐπίχρυσος, χρυσοῦς ὑπόχαλκος [4] ;
χρυσόκλυστος [5] ; λεπίδα χρυσῆν ἔχον [6] ; en argent, ἀργυροῦς [7] ; en argent doré, ὑπάργυρος [8] ; en bronze recouvert
d'une mince écaille d'argent, donc du plaqué ou doublé [9],
θυμιατήριον ὑπόχαλκον λεπίδα ἀργυρᾶν ἔχον ; en or plus
ou moins allié d'argent, χρυσίον λευκόν [10].

On vérifie le nombre, on indique le poids, que l'on
reporte parfois sur l'objet lui-même[11]; θυμιατήριον χρυσοῦν,
σταθμὸν τοῦ χρυσίου ἐπιγέγραπται ἐπὶ τῶι θυμιατηρίωι.
On excepte en général de la pesée les pièces qui sont faites
de matières diverses, l'une précieuse, l'autre non, car il
est impossible d'établir le poids exact de la première ;

1. BCH, VI, 1882, p. 105-155 ; DCA, p. 128, note 5.
2. BCH, X, 1886, p. 470. Les inventaires de la seconde domination
athénienne ne mentionnent pas seulement des temples et des édifices
qui n'apparaissent pas dans ceux des hiéropes, ils recensent aussi, outre
les offrandes de métal et d'ivoire, des statues de marbre, de bois, des
objets mobiliers dans les temples, le gymnase, le prytanée, DCA, p. 23.
— Classement fait par matières, bronze, bois, fer, puis objets non pesés,
inventaire des Andriens, Durrbach-Roussel, *Inscr. de Délos,* n° 1400,
p. 3, l. 1-16.
3. BCH, VI, 1882, p. 128 ; RA, 1911, II, p. 86 ; *Archives des
missions,* XIII, 1887, p. 432.
4. BCH, XV, 1891, p. 133 ; ces mots ont le même sens.
5. BCH, XV, 1891, p. 121 ; proprement : lavé avec de l'or.
6. Vase de bronze recouvert d'une mince écaille d'or, BCH, XXXII,
1908, p. 64.
7. κοῖλος ἄργυρος, vaisselle plate d'argent, BCH, XV, 1891, p. 116.
8. BCH, XV, 1891, p. 133.
9. BCH, XV, 1891, p. 117.
10. BCH, XXXII, 1908, p. 10, l. 6 ; p. 11-12 ; BCH, VI, 1882,
p. 132 ; X, 1886, p. 465.
11. BCH, X, 1886, p. 463.

celles qui sont fixées ou attachées sur une base, car elles
sont protégées et ne risquent point d'être perdues [1] ; dans ces
cas, on emploie l'adjectif ἄστατος[2]. On mentionne parfois
les dimensions, le plus souvent par des qualificatifs vagues,
comme grand, petit, plus rarement par des mesures [3].

D'un inventaire à l'autre, on peut suivre l'histoire d'une
même offrande. Mais les rédactions présentent des lacunes ;
par exemple, il semble qu'il y ait solution de continuité
entre les catalogues amphyctioniques et ceux des hiéropes,
où l'on ne retrouve par les offrandes anciennes, comme si
les Athéniens, en quittant l'île, avaient repris les dons qu'ils
avaient offerts eux-mêmes ou reçus pour Apollon ; cette
hypothèse, toutefois, ne paraît pas vraisemblable, et il est
plus simple, ajoute M. Homolle, de supposer qu'en raison
de l'antiquité des offrandes, les notices ont été abrégées [4].
Il y a parfois des erreurs dans cette comptabilité, des
variations dans la description, la qualité du métal, la
nature de l'objet, désigné sous un autre nom [5]. La même
couronne est tantôt de myrte, tantôt de laurier, de vigne [6],
différence compréhensible, vu l'analogie de certaines feuilles.
Le poids change aussi, car les objets s'usent, subissent des
dégradations, des transformations [7].

M. Homolle groupe les offrandes en plusieurs catégories,
selon leur nature [8] : a) matériel de culte, b) objets de parure
et d'ajustement, c) œuvres de plastique, d) instruments de
métiers, e) monnaies d'or et d'argent, f) métal en lingot, et
matières brutes. Nous en avons mentionné un grand nombre
en étudiant les objets mobiliers de divers genres trouvés à
Délos.

1. BCH, XV, 1891, p. 117 ; X, 1886, p. 470 ; Durrbach, *Inscr. de
Délos*, n° 442, p. 164, l. 29 ; quelques exceptions, on ne sait pour
quelles raisons.
2. BCH, LIV, 1930, p. 125.
3. ex. pour des phiales, BCH, XXIX, 1905, p. 540, φιάλην... τὴν
διάμετρον ἔχουσαν ὡς δακτύλων εἴκοσι, ὡς δακτύλων δέκα, etc.
4. BCH, VI, 1882, p. 149-150.
5. BCH, XXXII, 1908, p. 96 ; DCA, p. 24 ; BCH, VI, 1882,
136-8.
6. BCH, VI, 1882, p. 137 ; XXXII, 1908, p. 65, note 4.
7. BCH, XV, 1891, p. 132 ; VI, 1882, p. 138.
8. BCH, VI, 1882, p. 105, 108.

69. — *Dates des offrandes, donateurs.* — Ce bric-à-brac accumulé pendant des siècles comprend, à côté de pièces tout nouvellement entrées, des ex-voto fort anciens [1], dont les inventaires soulignent parfois la vétusté par l'adjectif ἀρχαῖος, ἀρχαϊκός, παλαιός [2] : ἀετὸς ἀργυροῦς τῶν ἀρχαίων διαπεπτωκώς [3] ; κορυθηκην ἀρχαϊκήν [4] ; ῥόδιαι δύο παλαιαί [5] ; ἐσχάριον χαλκοῦν παλαιόν πυθμένα οὐκ ἔχον, θερμάστριον σιδηροῦν παλαιόν [6] ; τρίποδα παλαιόν [7].

Quelques-uns ont une origine légendaire. Le collier d'Eriphyle [8] passe pour être l'œuvre d'Héphaistos lui-même, mais le sanctuaire de Delphes prétend aussi le posséder. Les inventaires l'appellent κόσμος [9] ou ὅρμος [10] ; d'or, il est placé sur une étoffe écarlate [11].

L'amiral perse Datis, lieutenant de Darius, qui épargna Délos et lui est favorable lors des guerres médiques [12], avait consacré, disait-on, un collier d'or, un στρεπτὸς χρυσοῦς [13] ;

---

1. BCH, VI, 1882, p. 147, VII, Date des offrandes.
2. BCH, XV, 1891, p. 118.
3. BCH, XIV, 1890, p. 403, en 279 ; Durrbach-Roussel, *Inscr. de Délos*, n⁰ 1444, p. 172, Aa, l. 13 (Artémision, 141-0).
4. BCH, 54, 1930, p. 97, 99, 117. Inventaire du gymnase, 156-5. Ce mot est inconnu.
5. Durrbach, *Inscr. de Délos*, N⁰ 461, p. 270, l. 49.
6. DCA, p. 225, note 4.
7. BCH, XXIX, 1905, p. 541, l. 14.
8. Roscher, *Lexikon*, s. v. Eriphyle, p. 1336 ; BCH, VI, 1882, p. 124 ; XV, 1891, p. 134, l. 42 ; Méautis, *L'âme hellénique d'après les vases peints*, 1932, p. 26.
9. ex. Durrbach, *Inscr. de Délos*, N⁰ 443, p. 186, l. 124.
10. ὅρμος ὁ Ἐριφ'λης χρυσοῦς ; BCH, X, 1886, p. 464, l. 90 ; XIV, 1890, p. 406 (279). — ὅρμος ὁ τῆς Ἐριφύλης χρυσοῦς ἄστατος, BCH, XXXII, 1908, p. 64, l. 25. — ὅρμος τῆς Ἐριφύλης, BCH, XXVII, 1903, p. 87 ; Durrbach, *Inscr. de Délos*, n⁰ 298, p. 45, l. 170; N⁰ 300, p. 54, l. 18.
11. κόσμος χρυσοῦς ἐπὶ φοινικιδίου Ἐριφύλης, BCH, VI, 1882, p. 50, l. 200 ; Durrbach, 407, p. 87, l. 10 ; N⁰ 410 bis, p. 93, l. 4 ; N⁰ 439, p. 120, c, l. 4 ; ὅρμος χρυσοῦς ἐπὶ φοινικιδίου Ἐριφύλης, BCH, XXV, 1911, p. 260, l. 10 ; ὅρμος τῆς Ἐριφύλης ἐπὶ φοινικίδος ἄστατος, Durrbach, N⁰ 338, p. 105, l. 15.
Cf. encore mention de ce collier, BCH, XXIX, 1905, p. 513 ; Durrbach, N⁰ 442, p. 153, l. 200 ; N⁰ 444, p. 194, l. 43 ; N⁰ 461, p. 270, l. 32.
12. Lebègue, *Recherches*, p. 282.
13. BCH, VI, 1882, p. 152 ; E, XVIII, 301, note 4.

ministre du roi Séleucos IV, consacre une riche série de
vases de prix, peut-être à l'occasion du mariage de la prin-
cesse Laodiké avec Persée[1]. Les Lagides d'Egypte, dont les
relations avec Délos sont aussi étroites[2], font de même[3],
avec les gens de leur entourage[4], et à leur tour reçoivent les
honneurs déliens[5].

Voici les Attalides de Pergame[6], Philétaire[7], Eumène[8],
Attale[9], révérés eux aussi à Délos[10] ; les princes du Pont[11],
de Bithynie[12].

1. Durrbach, *Choix*, I, p. 70-1 ; id., *Inscr. de Délos*, n° 443, p. 190.
2. Rapports entre Délos et l'Egypte ptolémaïque, BCH, II, 1878,
p. 327 ; XXXIII, 1909, p. 480 ; XXXI, 1907, p. 100 ; Durrbach, *Choix*,
I, p. 25 ; CE, p. 241 sq. ; DCA, p. 88, note 4 ; Ferguson, *Klio*, VIII,
p. 338.
3. Offrandes des divers Ptolémées, depuis Ptolémée I, fils de Lagos,
Homolle, *Les archives*, p. 40, 59 sq. ; BCH, II, 1878, p. 329 ; VI,
1882, p. 157 ; DCA, p. 175 ; CE, p. 241-2 ; Durrbach, *Inscr. de
Délos*, n° 298, p. 49, l. 70 sq.
4. Ex. Kleino, nom d'une courtisane qui remplissait auprès de Ptolémée II Philadelphie le rôle d'échanson, et à laquelle le prince éleva
des statues, BCH, XV, 1891, p. 118.
5. Fêtes des Ptolemaia, Durrbach, *Inscr. de Délos*, n° 366, p. 170.
— Dédicace d'une statue en l'honneur de Chrysermos d'Alexandrie,
parent de Ptolémée VI, milieu du IIe s., Durrbach, *Choix*, I, p. 151,
n° 90. — Voir plus haut, temple d'Agathé Tyché, anciennement le Philadelpheion, et la Graphé, en l'honneur d'Arsinoé II.
6. Rapports des rois de Pergame avec Délos, Durrbach, *Choix*, I,
p. 69, 150.
7. BCH, VI, p. 53, 160 ; VIII, 1884, p. 159 ; XXVII, p. 99 ; XXIX,
1905, p. 520 ; Durrbach, *Inscr. de Délos*, n° 298, p. 50, I, p. 170,
92 ; Homolle, *Les archives*, p. 61.
8. Durrbach, *Choix*, I, p. 68, n° 52, p. 70, n° 53 ; Homolle, *Les
archives*, p. 61 ; BCH, VI, 1882, p. 40, n° 99, 101, 105 ; p. 163.
9. Durrbach, *Inscr. de Délos*, n° 366, p. 169 ; n° 396, p. 49, B,
l. 67 ; id., *Choix*, I, p. 5, 68, n° 52, p. 70, n° 53 ; DCA, p. 175,
128, n° 5 ; BCH, VI, 1882, p. 183 ; XXVI, 1902, p. 547. — Une
offrande dans le sanctuaire égyptien, après 156-5, qu'on avait lue
ἀνάθημα ᾿Αττάλου τοῦ βασιλέως, n'est pas un don royal, mais plutôt
celui d'un ᾿Αττίνου ; Durrbach-Roussel, *Inscr. de Délos*, n° 1435,
p. 125, l. 8-9.
10. Monument en l'honneur de Philétaire, Durrbach, *Choix*, I, p. 38,
n° 31.
11. Dédicace d'un vase de bronze offert aux éphèbes du gymnase par
Mithridate Eupator, peu avant 88 ; BCH, VIII, p. 104 ; XV, 1891,
p. 267.
Th. Reinach dit que les sanctuaires déliens regorgeaient des offrandes
de Mithridate ; nous n'en avons aucune preuve, DCA, p. 320.
12. Phiales du roi Prusias, DCA, p. 386, l. 26-7. — Décrets concer-

Voici, enfin, les offrandes des Romains[1], celles des Scipions[2], d'Aulus Postumius Albinus[3], de Lucius Aemilius[4], etc...[5].

Si les noms des hommes, illustres ou non, qui ont joué un rôle dans la politique hellénique abondent, rares sont en revanche ceux des hommes de science et de lettres ; on peut cependant citer celui de Parmiscos, sans doute Parméniscos de Métaponte, philosophe pythagoricien du ve siècle, qui dépose des offrandes dans l'Artémision[6]. Et, à côté de ces personnages de marque, combien sont nombreux les donateurs de toute origine[7] ! Les uns, enrichis par le commerce délien, tel Témallatos de Gherra[8], les autres plus humbles, tous donnent aux sanctuaires de l'île les preuves de leur piété.

70. — *Identification d'objets retrouvés avec les textes.* —
Sémos cite à Délos un vase en or ἡδυποτίδιον, consacré en 250 par Echéniké, fille de Stésiléos, ce généreux donateur qui enrichit le sanctuaire[9] ; cette offrande est mentionnée

nant les monarques, leurs familles et leurs dignitaires, Roussel-Launey, *Inscr. de Délos*, no 1525 sq. (Lagides, no 1525 ; Séleucides, no 1540 ; Attalides, no 1554 ; rois de Pont, no 1555 ; rois de Cappadoce, no 1575; rois de Numidie et de Bithynie, no 1577 ; Arsacides, no 1581 ; souverains divers, no 1583 ; empereurs romains, no 1587.

1. BCH, VI, 1882, p. 162.
2. Homolle, *Les archives*, p. 71 ; BCH, VI, 1882, p. 39, no 90 ; p. 40, no 100, no 102 ; XXVIII, 1904, p. 272 ; Durrbach, *Inscr. de Délos*, no 442, p. 167, l. 102 ; id., *Choix*, I, p. 83.
3. Sans doute le personnage qui fit partie de la commission sénatoriale envoyée en Grèce en 146, DCA, p. 399.
4. BCH, VI, 1882, p. 40, no 104.
5. Le Titus qui offre une couronne d'or n'est pas Flamininus, mais un particulier Τίτος Μέντιος, Durrbach, *Choix*, I, p. 85, no 1 ; Homolle, *Les archives*, p. 72.
6. BCH, XV, 1891, p. 128. Selon Sémos, Parméniscos de Métaponte, en voyant le xoanon de Léto dans le Létôon de Délos, aurait recouvré le rire qu'il avait perdu dans l'antre de Trophonios, BCH, LIII, 1929, p. 205. — Trépied de Parmiskos, Durrbach-Roussel, *Inscr. de Délos*, no 1417, p. 73, A I, l. 110 ; cratère, no 1450, p. 201, l. 42.
7. Ex. le Carthaginois Iomilkos, BCH, XV, 1891, p. 136.
8. 2e moitié du ne s., DCA, p. 88, note 6, 225 ; E, XI, p. 123 ; Durrbach, *Choix*, I, p. 208. — Thymiatérion, de Témallatos, E, XVIII, no 187.
9. Voir plus haut, no 64.

par les inventaires [1], mais elle a disparu avec tous les objets
précieux que contenaient les sanctuaires.

En revanche, on a retrouvé dans le gymnase plusieurs
offrandes décrites dans l'inventaire de cet édifice [2], mais
mutilées, c'est-à-dire que les bases seules subsistent, privées
des objets en métal qui les surmontaient [3]. Telles sont : la
base trouvée dans la palestre, qui porte le nom de Tlépo-
lémos, vainqueur à la course des flambeaux, personnage
mentionné dans l'inventaire comme ayant consacré avec
Hégéas un Eros, et avec Apollodoros un Héraklès de bronze [4] ;
la base avec la dédicace de Mantithéos et d'Aristéas, que l'inventaire décrit ainsi : Ἀπολλωνίσκον ὡς ποδιαῖον, καθήμε-
νον, ἔχοντα κιθάραν, ἀνάθημα Μαντιθέου καὶ Ἀριστέα,
soit une statuette d'Apollon assis, tenant en main la cithare [5] ;
la base retrouvée dans la synagogue, qu'ornaient un Eros et
une hydrie, offrande d'Oineus, vers 170 [6]. Ἔρωτα ὡς δίπουν
καὶ ὑδρίαν ἐπὶ βάσεως λιθίνης, ἀνάθημα Οἰνέως ; la
base exhumée à l'Est du lac, au pied du mur de Triarius,
avec un trou de scellement pour une torche en bronze et
la dédicace de Protogénès d'Alexandrie, λαμπάδι νικήσας,
vainqueur aux Apollonia et aux Hermaia, en 166-5 : ἐν
δέξια τοῦ Ἔρωτος λαμπάδα ἐν τοῖ τοίχωι, ἀνάθημα Πρωτο-
γένου Ἀλεξανδρέως, dit l'inventaire [7] ; la base avec dédicace
à Apollon et à Hermès par le gymnasiarque Aphthonetos et
l'hypogymnasiarque Krittis, que surmontait une statuette
d'Héraklès, en bronze [8], Ἡρακλῆν ἐπὶ βάσεως ὡς δίπουν,
ἀνάθημα Ἀφθονήτου ; Satyros de Képhisia dédie une

1. Sur l'offrande d'Echéniké, Lebègue, *Recherches*, p. 219 ; Homolle,
Les archives, p. 8, n° 1, 10 ; BCH, VI, 1882, p. 113 ; XV, 1891,
p. 143, note 1 ; XXXII, 1908, p. 122, 125 ; Durrbach-Roussel, *Inscr.
de Délos*, n° 1450, p. 200, l. 78.

2. Inventaires du gymnase, E, XVIII, n° 171.

3. BCH, LIV, 1930, p. 95, 105.

4. BCH, XXXVI, 1912, p. 389, n° 2 ; 54, 1930, p. 116.

5. Vers 200. Invent. de Kallistraatos, 157-6, BCH, XXXVI, 1912,
p. 391, n° 5 ; LIV, 1930, p. 120.

6. BCH, XXXVI, 1912, p. 662, n° 32 ; LIV, 1930, p. 119.

7. BCH, XXXVI, 1912, p. 422, n° 15 ; LIV, 1930, p. 120 ; CRAI,
1911, p. 867 ; Durrbach-Roussel, *Inscr. de Délos*, n° 1417, p. 73, A I,
l. 127-8 ; Roussel-Launey, n° 1950.

8. BCH, XXXVI, 1912, p. 392 ; LIV, 1930, p. 119.

statuette d'Athéna dans une niche : Παλλάδιον ὡς δίπουν ἐν θυρίδι, ἀνάθημα Σατύρου Κηφισιέως, et l'on a retrouvé un fragment de cette niche avec la dédicace du donateur[1].

On a procédé à des identifications analogues dans le Sarapieion C, pour les offrandes de Ktésippos de Chios[2], du délien Choirylos, fils de Télésandros[3], d'Hermogénès[4], d'Apollonios d'Alexandrie[5].

On en citera d'autres, à propos des nombreuses torches en bronze offertes en ex-voto[6]. Le nom de tel ou tel donateur, cité dans les inventaires pour avoir déposé quelque offrande, paraît aussi sur des bases de statues[7], dans des inscriptions.

71. — *Différences entre le mobilier sacré et laïque.* — A part quelques types propres au service des dieux, tels les grands trépieds de bronze, à part quelques instruments domestiques spéciaux aux demeures, tels les moulins, le mobilier des temples et des habitations humaines est le même. Les sanctuaires ne reçoivent-ils pas en ex-voto tous les objets qui servent à la vie des hommes, jusqu'aux instruments de métiers, et, d'autre part, les maisons n'abritent-

1. BCH, XXXVI, 1912, p. 423, n° 17 ; LIV, 1930, p. 121 ; CRAI, 1911, p. 870 ; Roussel-Launey, *Inscr. de Délos*, n° 1417, A, I, l. 137 ; n° 1838.

2. Il enrichit, au début du IIe siècle, le Sarapieion C d'offrandes mentionnées dans l'inventaire de Kallistratos, B I, l. 15-17, 25-6, statues, statuette, brûle-parfum en bronze. Deux bases du Sarapieion C peuvent avoir supporté ces ex-voto. CE, p. 114, n° 58 et bis.

3. Un petit chapiteau en marbre paraît avoir supporté une statuette, il porte la dédicace de Χοιρύλος, du début du IIe siècle ; cette offrande est mentionnée dans l'inventaire de Kallistratos B, col. I, l. 29 : ἀνδριαντίδιον ἐπὶ βάσεως, ἀνάθεμα Χοιρύλου. CE, p. 110, n° 47.

4. Il consacre avant 157-6 une Athéna de bronze, Kallistratos, B, I, l. 63. C'est sans doute ce dédicant qu'il faut reconnaître dans la dédicace d'une base en marbre du Sarapieion C, avec offrande à Sarapis et Isis, CE, p. 119, n° 67.

5. Ex-voto à Sarapis, Isis, Anoubis, Harpocrate, mentionnés dans Métrophanès, A, l. 56-7, et bases retrouvées au Sarapieion C, CE, p. 119, n° 68, 68 bis.

6. Cf. l'étude spéciale sur l'éclairage à Délos.

7. Ainsi Ikorios, donateur dans les inventaires, est connu aussi par une inscription gravée sur la base d'une statue, œuvre de l'artiste Praxias du IVe siècle, BCH, XV, 1891, p. 118.

elles pas le culte domestique et son appareil ? Il n'y a donc
pas eu lieu, dans l'étude que nous avons faite des objets
mobiliers trouvés à Délos[1], d'établir une distinction nette
entre ces diverses provenances.

Du reste, cette distinction n'est souvent pas facile à faire.
De nombreux objets mobiliers ont été transportés loin de
leur emplacement primitif à la suite des pillages, des aban-
dons et réoccupations des sanctuaires et des demeures, et lors
de l'exploitation systématique des ruines pour alimenter les
fours à chaux et les fonderies[2]. D'autre part, on a souvent
négligé d'indiquer l'origine exacte de nombreux objets et
d'autres sont dépourvus de numéro d'inventaire[3].

1. E, XVIII, Le mobilier délien.
2. Voir plus loin, n° 79.
3. E, XVIII, p. II.

72. — *Importations. Artisans étrangers à Délos.* — Nous avons dit combien la production industrielle de Délos est restreinte[1], et l'on a affirmé avec raison que l'île, « vivant avant tout du commerce de transit, produisait fort peu de choses et recevait tout du dehors »[2]. On a avancé aussi que « lorsque toutes les trouvailles recueillies au cours des fouilles, en particulier dans les quartiers habités, monuments figurés, débris de céramique, statuettes de terre cuite, fragments de stuc, objets mobiliers, anses d'amphores, auront été publiées, ce matériel aidera à mieux connaître la vie privée de la population délienne, peut-être aussi à déterminer la provenance locale ou étrangère de certains objets, et par suite à éclairer l'histoire de l'industrie et du commerce déliens »[3]. Il témoigne de plus des vicissitudes historiques de l'île. On constate que dans les remblais de l'Agora de Théophrastos la proportion des anses d'amphores cnidiennes reste la même, alors que celle des anses rhodiennes tend à baisser, et celle des anses romaines à monter[4]. Ceci n'indique-t-il pas que le commerce et l'influence de Rhodes diminuent au profit de celles de l'Italie ? Les importations à Délos ne sont-elles pas aussi en étroite relation avec l'histoire des cultes, puisque le commerce est partout un actif agent de propagation des religions dans le monde antique[5] ? N'est-ce pas à lui que Délos doit, avec le cosmopolitisme de sa population, le cosmopolitisme de ses dieux qui, helléniques, syriens, égyptiens, italiens, se mêlent et se fusionnent ?

Les inscriptions déliennes montrent combien sont diverses

1. Voir plus haut, nº 40.
2. BCH, VI, 1882, p. 130 ; E, VIII, 1, p. 93.
3. DCA, p. 29-30.
4. DCA, p. 29, note 4.
5. Ex. Cagnat, *A travers le monde romain*, p. 181, Le commerce et la propagation des religions dans le monde romain.

les origines des habitants de l'île et de ses passagers, attirés
par le commerce et la religion, combien sont variées les relations de Délos avec le dehors [1]. Les inventaires accompagnent
souvent les noms des donateurs de leur ethnique [2]. Toutefois
nous ne savons que par exception à quelle nationalité appartiennent les habitants des demeures [3], et les menus objets
mobiliers que l'on y a découverts ne nous renseignent guère
sur ce point [4].

Dans cette Délos cosmopolite travaillent des artisans d'origines diverses. M. Lacroix examine le rôle des étrangers à
Délos pendant la période de l'indépendance [5]; Il remarque
qu'à cette époque les métèques, Grecs de divers lieux, jouent
un rôle de premier plan dans l'industrie délienne, par exemple comme entrepreneurs, et qu'ils ont la prédominance à la
fin du IVe siècle. C'est ainsi que dans les comptes de 279 on
voit voisiner un Carystien, un Parien, un Thébain, un Séri-
phien, etc. [6]. Mais les citoyens de Délos leur disputent cette
suprématie, l'emportent vers 250 et demeurent à peu près
seuls. On retrouve pourtant au IIe siècle des adjudicataires
étrangers [7]. Toutefois, si les hiéropes ne se préoccupent pas
de la nationalité des artisans qu'ils emploient, l'architecte est
toujours pris parmi les citoyens [8]. Quelques sculpteurs sont
déliens, mais la plupart viennent de multiples cités helléniques, même de l'Orient [9], si bien que Délos n'est point un
centre de production originale, mais plutôt une sorte d'atelier
commun, ouvert à des influences multiples, même opposées [10].

1. Voir la liste des états, villes, en relation avec Délos, in Durrbach, *Choix*, I, p. 273 ; *Archives des missions*, XIII, 1887, p. 420.
2. Homolle groupe les offrandes d'après les pays des donateurs,
Cyclades, Grèce propre, Asie, Egypte, Occident, BCH, VI, 1882,
p. 164 sq.; ex. parmi les donateurs des sanctuaires égyptiens, CE,
p. 281, 283.
3. Voir plus haut, n° 5.
4. DCA, p. 312-3.
5. Lacroix, Les étrangers à Délos pendant la période de l'indépendance, *Mélanges Glotz*, II, p. 501 sq.
6. Francotte, L'industrie, I, p. 213.
7. Lacroix, *op. l.*, p. 506-7.
8. BCH, XIV, 1893, p. 464 ; *Rev. phil.*, 1914, p. 304 et note 8.
9. Voir plus haut, n° 28.
10. BCH, XXI, 1897, p. 419 ; DCA, p. 289.

Parmi les mosaïstes, un artiste d'Arados, sans doute en Phénicie, exécute la mosaïque de la maison des Dauphins ; un autre est peut-être originaire d'Hiérapolis [1].

Des étrangers travaillent les métaux, mais le qualificatif « Phénicien », Φοῖνιξ, appliqué à Hérakleidès, entrepreneur et artisan en métal, est peut-être moins un véritable ethnique qu'un sobriquet rappelant l'origine de sa famille, réelle ou supposée [2]. Les étrangers qui prennent à baux les domaines [3] et les maisons sacrées [4] sont rares, car ils préfèrent le commerce [5]. Dans les comptes, industriels et commerçants étrangers, tout comme les entrepreneurs, semblent s'éliminer après 260, mais, dit avec raison M. Lacroix, il ne faut pas être dupes de cette apparence, car s'ils ne figurent pas dans ces documents, c'est qu'ils ne s'intéressent plus aux opérations proprement locales, aux besoins commerciaux de l'île, et que leurs affaires, fort considérables, se traitent en dehors des hiéropes, dans le port, l'entrepôt [6].

On peut donc supposer a priori que de nombreux objets mobiliers, trouvés à Délos, viennent du dehors. On peut admettre aussi que l'action étrangère s'exerce sur la production locale. Les ateliers déliens fabriquent des bols hellénistiques à reliefs, et M. Courby constate que, de toutes les séries connues, celle de Délos se rapproche le plus des prototypes alexandrins et de l'art de la vieille Egypte, par l'intermédiaire de la toreutique alexandrine [7] ; d'autre part, ces artisans imitent les vases pergaméniens à reliefs d'appliques [8].

73. — *Origines de quelques importations.* — Précisons, si cela est possible, l'origine de quelques matières et objets mentionnés par les inventaires ou rendus par les fouilles, de quelques produits déliens.

---

1. Voir plus haut, nº 37.
2. Lacroix, *Mélanges Glotz*, II, p. 511 sq. Cet Hérakleidès serait peut-être le fils de Gnosidicos, fermier à Rhénée à la fin du ɪⱽᵉ siècle.
3. *Ibid.*, p. 518.
4. *Ibid.*, p. 520.
5. *Ibid.*, p. 514.
6. *Ibid.*, p. 516.
7. Courby, *Les vases grecs à reliefs,* p. 434.
8. Voir plus haut, nº 31.

Grèce continentale. — *Argos.* — On trouve à Délos des vases archaïques de style géométrique argivo-cycladique [1], puis de style argivo-cycladique orientalisant [2] ; à l'Héraion, des petits vases en argile tendre ont été peut-être fabriqués en Argolide [3].

Athènes. — Etant donné les relations politiques de Délos avec Athènes, il est naturel de trouver dans l'île à toute époque de nombreuses importations attiques.

Pour l'architecture, Athènes envoie ses pierres de construction. Le tuf du Porinos Naos est très voisin du poros d'Akté (Attique) [4], et, au temple des Athéniens, le piédestal hémicyclique est en cette même matière [5]. Dans ce dernier édifice, on trouve du marbre pentélique, de la pierre d'Eleusis [6] ; dans certaines maisons du quartier du théâtre, un marbre bleu veiné est peut-être attique [7].

La céramique attique est représentée à Délos par des vases géométriques du Dipylon, par des vases du style de Vourva, puis à figures noires et rouges [8]. A l'Héraion, les vases attiques sont les plus nombreux après les corinthiens [9] ; on voit leur importation se substituer à celle de Corinthe et des autres fabriques vers le milieu du VIᵉ siècle, ce qui s'explique par les conditions politiques, par la mainmise de Pisistrate sur l'île. Dans la fosse de Rhénée, on constate aussi que l'industrie attique évince les autres [10].

Ce sont là quelques exemples. Mais il est difficile de déterminer parmi les objets mobiliers les importations proprement attiques. Des plaques de tables ornées de reliefs,

---

1. Dugas, *Les céramiques des Cyclades*, p. 140 ; aussi à Rhénée; date, IXᵉ et VIIIᵉ s., p. 177, 182 ; au Cynthe, E, XI, p. 23, 53 ; à l'Héraion, E, X, p. 23.
2. Dugas, *op. l.*, p. 229 ; date, fin du VIII-VIᵉ s., p. 258 ; p. 6, note 1 ; à l'Héraion, E, X, p. 23.
3. E, X, p. 153.
4. E, XII, p. 210, 213.
5. *Ibid.*, 190.
6. *Ibid.*, p. 189, 195.
7. E, VIII, 2, p. 235.
8. BCH, XXXV, 1911, p. 351.
9. E, X, p. 4, 157 sq.; E, XI, p. 173.
10. E, X, p. 7.

le fauteuil de la synagogue, copié sur celui du théâtre de Dionysos à Athènes, en sont assurément [1]. Voici des fibules attico-béotiennes [2].

Béotie. — Les inventaires mentionnent des vases de fabrication béotienne, βοιωτιακός [3].

Corinthe. — Elle fournit des vases protocorinthiens et corinthiens [4], et, à l'Héraion archaïque, plus de la moitié du dépôt à cette provenance [5] ; on ne sait quand cette importation a commencé, mais elle cesse peu après le milieu du vi[e] siècle pour faire place aux vases attiques [6].

L'industrie du bronze, célèbre à Corinthe, procure sans doute aux sanctuaires beaucoup d'ex-voto, et on note dans celui de Zeus Cynthien un cratère en bronze corinthien, κρατῆρα κορινθιουργῆ [7].

Eubée. — Cette île est en relation avec Délos, où les habitants de Carystos possèdent un oikos, Καρυστίων οἶκος [8]. Elle exporte à Délos des vases géométriques eubéens [9], consacre comme offrandes des coupes chalcidiennes [10], κύλικες χαλκιδικαί, et de nombreuses monnaies d'Histiée, dites ἱστιαϊκόν [11].

Laconie. — Ce sont, dans les inventaires, des cratères et

1. E, XVIII, n° 4, c, n° 14.
2. E, XVIII, n° 150 f.
3. BCH, XV, 1891, p. 158.
4. BCH, XXXV, 1911, p. 351. Ce sont avant tout des vases à parfums, spécialité de Corinthe jusque vers le milieu du vi[e] siècle, quand la parfumerie attique lui fait concurrence, E, X, p. 33, 5. — Monnaies : ὀρχομένιοι ὀβολοί, Béotie ou Péloponèse, IG, XI, 161, B. l. 19.
5. E, X, p. 4, 61, 67 ; E, XI, p. 169, 173.
6. E, X, p. 82.
7. Inventaire de 156-5, DCA, p. 225 ; E, XI, p. 122.
8. BCH, XXXII, 1908, p. 43.
9. BCH, XXXV, 1911, p. 371 sq., 391.
10. BCH, X, 1886, p. 462, l. 15, vers 364 ; XV, 1891, p. 158, 159.
11. BCH, XXIX, 1905, p. 569 ; X, 1886, p. 108, 109, note 3 ; VI, 1882, p. 133.

Syros. — A partir du commencement du IIIe siècle, la couverture du temple en tuf, le Porinos Néos, est faite en tuiles de terre cuite importées de Syra [1].

Ténos. — Ténos livre pour les constructions du marbre bleu [2], qui prédomine dans les édifices à la fin de l'indépendance [3].

Téos. — Parmi les offrandes, on relève souvent des coupes fabriquées à Téos, κύλιξ τηϊουργής [4].

Théra. — La pierre volcanique de Théra est employée pour des édifices [5]. Elle sert aussi pour des instruments domestiques, tels que meules, écuelles, coupes. En étudiant des objets mobiliers semblables à ceux de Délos, trouvés à Théra et à Priène, M. Wiennefeld pense que l'île de Théra exporte dans les régions grecques des meules toutes travaillées [6].

Grèce insulaire. — *Crète.* — Délos a des relations avec la Crète dès l'époque préhéllénique [7], et elle les maintient ultérieurement [8]. A l'époque archaïque appartiennent quelques vases [9]. Un ποτήριον κυθωνικόν, dans un inventaire de 364,

ailleurs à l'Artémision, *ibid.*, p. 215, note 1. — Cf. encore Lacroix, *Mélanges Glotz*, II, p. 508.

1. E, XII, p. 210 ; *Mélanges Glotz*, II, p. 508.
2. E, V, p. 14, au Portique d'Antigone ; VII, 1, Le portique de Philippe, p. 150 ; XII, p. 80, au grand temple d'Apollon.
3. E, VII, 1, p. 67.
4. BCH, VI, 1882, p. 109, 114 ; XIV, 1890, p. 409 ; XXVII, 1903, p. 91, 100 ; XXXII, 1908, p. 57, 58 ; Durrbach, *Inscriptions de Délos*, N° 298, p. 39, l. 40 ; p. 42, l. 98 ; Courby, *Les vases grecs à reliefs*, p. 265, note 4.
5. Brèche volcanique de Théra à la stoa du Nord-Est, E, II, p. 50 ; andésite à l'Agora des Italiens, E, VIII, 2, p. 236.
6. Wiegand, *Priene*, p. 394, note. — La lave basaltique, ainsi que certains tufs volcaniques, constituaient la pierre meulière des anciens ; les pierres de Nisyros, de Melaena en Asie Mineure, étaient réputées pour cet usage. DA, s. v. Lapides, p. 932.
7. Voir plus haut, n° 1, 2.
8. Relations de Délos avec la Crète, BCH, III, 1879, p. 290 ; IV, 1880, p. 350 ; XX, 1896, p. 520 (les Crétois ont une part assez importante dans les décrets du IIe siècle); XXXIV, 1910, p. 396 ; Durrbach, *Choix*, I, p. 183-4.
9. BCH, XXXV, 1911, p. 351 (géométrique crétois) ; à l'Héraion, E, XI, p. 172 ; X, p. 59.

est sans doute originaire de Cydonie en Crète [1], ou à la mode
de cette localité, à moins que ce terme ne signifie la forme
du récipient, ressemblant à un coing.

Grèce d'Asie. Iles. — *Chios.* — Dès le vɪᵉ siècle, les habitants de Chios enrichissent de leurs offrandes le sanctuaire
délien [2]. On trouve souvent dans les inventaires la mention
de coupes et d'autres vases de fabrication chiote, χιουργής[3].
Ils citent aussi un κεραμύλλιον ἀργυροῦν χῖον [4], dédié
par Nouménios, qui est peut-être un vase de Chios à mesure,
en argent [5].

Kos. — Les théories de Kos, aussi fréquentes que celles
de Rhodes, apportent au sanctuaire de nombreuses offrandes [6]. On fait venir de cette île des amphores de vin, Κῶια
κεράμια [7].

Rhodes. — L'histoire de Délos est liée à celle de Rhodes,
et ces relations, attestées par les petits objets dès l'archaïsme,

1. BCH, X, 1886, p. 462, l. 15.
2. Durrbach, *Choix*, I, p. 36.
3. BCH, VI, 1882. p. 109, 114 ; XXVII, 1903, p. 100 ; XXXII,
1908, p. 57, 58 ; Durrbach, *Choix*, I, p. 37 ; id., *Inscriptions de
Délos*, nᵒ 298, p. 42, l. 99 ; Courby, *Les vases grecs à reliefs*, p. 265,
note 4.
4. Durrbach, *Inscriptions de Délos*, nᵒ 442, p. 152, l. 179 ; nᵒ 443,
p. 185, l. 103 ; p. 193, l. 18 ; nᵒ 457, p. 230, l. 28.
5. M. le prof. V. Martin, de l'Université de Genève, veut bien
nous fournir l'explication suivante : « Le mot κεραμύλλιον est un
sens diminutif, κέραμος, κεράμιον, κεραμύλλιον. Cf. μεῖραξ, μειράκιον,
μειρακύλλιον. Ces diminutifs ont eu à l'origine un sens dépréciatif,
mais à basse époque, c'est-à-dire dès l'époque alexandrine, ils l'ont
perdu et ne signifient pas autre chose que le simple. Il s'agit donc
d'un vase dit de Chios. Je pense que cet ethnique désigne une
contenance. Le κεράμιον est fréquent dans les papyrus comme mesure
pour les liquides, et équivaut à μετρητής, (Wilcken, *Grundzüge*
p. LXXI). Mais le nombre de χοῦς par métrète variait suivant les
endroits, entre 5 et 12 (*ibid.*) et l'on désignait ces variétés par les
lieux où elles étaient en usage, par ex. Κολοφώνιον, Κνίδιον, Ῥόδιον ;
κεράμιον étant parfois sous-entendu. Le κεραμύλλιον ἀργυροῦν χῖον
serait donc une cruche (mesure) de Chios en argent.
6. BCH, VI, 1882, p. 33, 144, 165 ; XVI, 1891, p. 125 ; X,
1886, p. 106 ; Neppi Modona, *L'Isda di Coo nell'antichita classica*,
1933, p. 180.
7. BCH, XXXI, 1910, p. 145. Voir plus haut, Nᵒ 14.

sont surtout étroites à partir du III⁰ siècle, jusqu'au moment
où le commerce délien profite de l'abaissement de sa rivale [1].
Les offrandes des théores rhodiens et des particuliers de cette
île sont abondantes dans les inventaires [2] dès le IV⁰ siècle [3].
En céramique, Délos reçoit des vases rhodiens géométriques [4],
rhodo-ioniens [5] ; ultérieurement des amphores aux timbres
de Rhodes, nombreuses au point que, selon Paris, le 25 %
de l'importation d'amphores à Délos serait rhodienne [6].

En plastique, les petites figurines de calcaire décrites plus
loin sont vraisemblablement des produits de l'industrie chypriote, mais comme elles sont très abondantes à Rhodes, il se
peut qu'elles aient été introduites à Délos par l'entremise de
cette dernière ; quelques auteurs voient même en elles des
produits rhodiens [7]

Parmi les ex-voto des temples, de nombreuses phiales et
vases d'autres types, en métal, et souvent ornés d' « emble-
mata », ou de reliefs appliqués, sont des produits de l'industrie rhodienne, comme en témoigne le qualificatif qui
leur est donné dans les inventaires, ροδιακή, ροδιακόν [8].

1. Relations de Délos et de Rhodes, BCH, II, 1878, p. 330 ; X,
1886, p. 106-7, 111 sq., 120 sq. ; XXVII, 1903, p. 247 ; XXXI, 1907,
p. 357 sq.; E, VI, p. 85 ; Durrbach, Choix, I, p. 46 ; Archives des
missions, XIII, 1887, p. 421.
Voir plus haut, n⁰ 10, développement du commerce délien ; Ros-
tovtzeff in Cambridge ancient History, VIII, 1930, p. 619, Rhodos,
Delos and hellenistic commerce.
Dans les îles voisines, Demoulin, Les Rhodiens à Ténos, BCH,
XXVII, 1903, p. 233.
2. BCH, II, 1878, p. 330 ; VI, 1882, p. 144, 165 ; X, 1886,
p. 106-7 ; XV, 1891, p. 121 ; Courby, Les vases grecs à reliefs, p. 266.
3. IG, XI, II, 226, B, l. 12 sq.; Courby, l. c.
4. BCH, XXXV, 1911, p. 351 ; XXXVI, 1912, p. 503, 504, 510,
n⁰ 37.
5. A l'Héraïon, E, X, p. 4, 33 sq. ; E, XI, p. 172 ; au Cynthe,
E, XI, p. 60. — A l'Héraïon, un seul vase du type de Fikellura,
dont le centre de fabrication, encore inconnu, doit toutefois se placer
dans la région rhodo-ionienne, E, X, p. 49 ; à l'Héraïon encore, des
vases de bucchero polychrome, de même provenance, ibid., p. 51.
6. BCH, X, 1886, p. 106 ; DCA, p. 29, note 4. Voir plus haut,
n⁰ 31.
7. Voir plus loin, Chypre.
8. BCH, VI, 1882, p. 109, 110 ; X, 1886, p. 106 ; XV, 1891,
p. 123 ; XXVII, 1903, p. 100-1; XXIX, 1905, p. 546 ; XXXII,
1908, p. 57, 58 ; Durrbach, Inscriptions de Délos, N⁰ 298, p. 42,

Grèce d'Asie. Continent. — Cnide. — Les amphores de
Cnide, mentionnées dans les comptes, οἴνου Κνίδια κεράμια[1], forment une forte partie de l'importation délienne[2].

Milet. — De Milet proviennent des coupes en métal, μιλησιουργής[3].

Pergame. — Les offrandes des princes pergaméniens
ne sont point rares à Délos[4], et l'industrie céramique de
cette ville y envoie des vases à reliefs d'appliques, entre
150 av. J. C. et 50 apr. J. C.[5], imités par les céramistes
déliens[6].

Alexandrie en Troade. — De cette ville provient un
poids en plomb[7].

Chypre. — L'industrie chypriote, fort active pendant
l'archaïsme, apporte à Délos des vases géométriques[8] et
archaïques[9], et de nombreux objets de pacotille. On peut
lui attribuer, à moins que ce ne soient des produits rhodiens[10], des figurines en calcaire, de type souvent égyptisant, archaïques, qui remontent en général au VIIe siècle,

---

1. 98, 101, 102, 103, 105 ; no 313, p. 64 ; Courby, *Les vases grecs
à reliefs*, p. 265-6.
   Ex. BCH, XXVII, 1903, p. 96, ῥοδιακὴ κύλιξ ; CE, p. 232,
l. 49-50, p. 233, l. 61-2 ; p. 224, l. 65, 70 ; BCH, XXIX, 1905,
p. 542, ποτήριον ῥοδιακόν ; DCA, p. 176, note 1, ῥοδιακὸν τρικότυλον,
ῥοδιακαὶ τρικότυλαι ; BCH, XXIX, 1905, p. 480, ἄλλη (φιάλη) ἐκ Ῥόδου.
1. BCH, XXXIV, 1910, p. 145 ; voir plus haut, nos 14, 31.
2. DCA, p. 29, note 4.
3. BCH, VI, 1882, p. 108, 114 ; VII, 1884, p. 316 ; XXVII,
1903, p. 100 ; Durrbach, *Inscriptions de Délos*, No 298, p. 42, l. 100 ;
No 313, p. 64, l. 82 ; Courby, *Les vases grecs à reliefs*, p. 265,
note 4. Mingazzini se demande si le mot « milésien », dans une inscription (« treize milésiens »), gravée sur la base d'un cratère, ne
désigne pas ce type particulier de vase, RM, XLVII, 1931, p. 150 ;
REG, 1933, p. 136.
4. Voir plus haut, no 69.
5. BCH, XXXVII, 1913, p. 418 sq., 435 ; date, p. 439 ; Courby,
Les vases grecs à reliefs, p. 877, 486-7.
6. Voir plus haut, no 31.
7. E, XVIII, no 68, pl. no 423.
8. BCH, XXXV, 1911, p. 351.
9. Trouvés dans l'établissement des Poseidoniastes, E, VI, p. 85.
10. Voir plus haut, Rhodes.

occupe la maison dite des Dauphins, à en croire le symbole
de Tanit incrusté dans la mosaïque du vestibule [1], et la signa-
ture de l'artiste, originaire d'Arados, sans doute de Phénicie, qui a exécuté la mosaïque de la cour [2]. D'autres orientaux commandent ou exécutent des mosaïques [3], des sculptures de type sémitique [4]. En 269, le tyrien Hérakleidès
vend aux hiéropes deux défenses d'ivoire [5], et nous avons
cité plus haut l'artisan en métal Hérakleidès, dit le Phénicien [6].

Les petits objets mobiliers attestent que l'influence de
l'art et de l'industrie orientaux s'est souvent exercée à
Délos et bien avant l'époque hellénistique. Une fibule
archaïque vient peut-être de Syrie [7], une intaille serait de
style hittite tardif [8]. Ultérieurement, des amphores sont
transportés de Bérytos [9] ; ce sont quelques brûle-parfums
à cornes, qu'aime l'Orient sémitique [10], des oreilles votives
à Atargatis [11], peut-être des tables d'offrandes à écuelles [12].

Egypte. — Nous avons signalé plus haut les rapports
politiques de Délos avec l'Egypte, les offrandes faites par
les Lagides et leur cour [13], la présence à Délos de marchands
égyptiens et alexandrins [14], l'établissement des dieux égyptiens dans les sanctuaires de la région de l'Inopos, et les

1. MP, XIV, p. 192-3, fig. 68 ; Bulard, *La religion domestique*,
p. 225 ; DCA, p. 277, note 6, 312, note 4 ; E, VIII, 2, p. 404.
2. E, VIII, 2, p. 404. Voir plus haut, n° 37.
3. Voir plus haut, n° 37.
4. Dans un sanctuaire du Cynthe, une base porte un lion couché
en marbre, que surmontait jadis la statue en bronze d'une divinité ;
ce type du dieu monté sur l'animal est oriental ; il a inspiré dans
l'archaïsme quelques images de l'art industriel, mais la grande statuaire ne l'a jamais adopté. C'est donc à un artiste oriental travail-
lant pour Délos qu'il faut l'attribuer. E, XI, p. 127.
5. E, XVIII, n° 116.
6. Voir plus haut, n° 72.
7. E, XVIII, n° 150 e.
8. E, XVIII, n° 128 b.
9. Voir plus haut, n° 14.
10. E, XVIII, n° 195.
11. E, XVIII, n° 108 c.
12. E, XVIII, n° 25.
13. Voir plus haut, n° 69.
14. Voir plus haut, n° 12.

inventaires des objets qu'ils contiennent[1]. Mais l'influence commerciale de l'Egypte est bien antérieure, et commence dès l'archaïsme. On trouve des fragments de vases naucratites à l'Héraion, au Cynthe[2]. Des objets égyptiens ou égyptisants, en faïence, de pacotille courante, statuettes, scarabées, pendeloques, etc., peut-être fabriqués à Naucratis, datent des vIIe-vIe siècles [3]. En architecture, M. Vallois pense que les Déliens ont appris à tailler le granit dans les premiers temps de l'indépendance, sans doute grâce aux relations qui s'établissent à cette époque avec les pays du sud où il faut chercher l'origine de cette technique [4]. C'est surtout à partir de l'époque hellénistique que les objets de style égyptien deviennent fréquents à Délos, quand des relations régulières se nouent entre l'île et l'Egypte, grâce aux Lagides et aux commerçants, grâce aussi à l'introduction des cultes de la vallée du Nil. Une petite statue en basalte, dont un fragment a été trouvé dans le sanctuaire des dieux égyptiens[5], et un autre dans la partie inférieure du quartier du théâtre[6], peut être datée par son inscription hiéroglyphique du milieu du IIIe siècle environ. D'autres sculptures, provenant des temples égyptiens, sont plus récentes[7]. Les inventaires notent plus d'un ex-voto de cette origine, figurines de dieux égyptiens [8], vases portant en relief les effigies d'Isis et de Sérapis[9]. Des ustensiles de culte, dits « seaux

1. Voir plus haut, n° 65.
2. BCH, XXXV, 1911, p. 351 ; à l'Héraion, E, X, p. 55 ; XI, p. 172 ; au Cynthe, E, XI, p. 60 ; aussi à Rhénée, Blinkenberg-Kinch, *Lindos*, I, *Petits objets*, p. 279.
3. Date, E, XI, p. 63, note 4 ; E, XVIII, n° 128 e, 158 d.
4. *Nouvelles archives des missions*, XXII, 1921, p. 212 ; BCH, LV, 1931, p. 283.
5. BCH, VI, 1882, p. 304, 309, 313 sq.
6. CRAI, 1907, p. 365, fig. p. 364 ; CE, p. 65.
7. Fragment d'une statuette d'Anoubis, à tête de chien, CE, p. 32, N° 1, p. 276 ; — fragments d'une statue d'Isis, CE, p. 276, 134, n° 86 ; — fragment de statuette de style égyptisant, CE, p. 135. n° 88 ; Roussel-Launey, *Inscr. de Délos*, N° 2145 (128-7) ; — avenue de sphinx devant le temple d'Isis, début du Ier siècle, CE, p. 53, 177, n° 173.
8. CE, p. 235, l. 77-8, Métrophanès, 146-5, ζωιδάριον αἰγυπτιακὸν πρόσωπον ἔχον ἱέρακος ἐπὶ κιονίου ξυλίνου.
9. CE, p. 227, 215, l. 98-100, 100-2, 104-6, 106-7, p. 216, l. 119.

pue, mais aussi par son décor. Celui-ci préfère aux motifs géométriques et végétaux les motifs figurés, rares dans les lampes hellénistiques.

Inversement, Délos, colonie d'Italiens, a servi d'intermédiaire pour faire pénétrer en Italie les produits helléniques. On a plus d'une fois montré les rapports qu'il y a entre la production artistique et industrielle de Délos et celle de l'Italie romaine, en particulier de Pompéi. M. Bulard explique les peintures religieuses des autels déliens par les cultes domestiques italiens[1], opinion que M. Roussel trouve exagérée, estimant que ces rapports pourraient être mieux mis en lumière par l'étude de la céramique hellénistique[2]. Les décorations murales et les mosaïques déliennes[3] ont aussi leurs analogies dans les maisons pompéiennes les plus anciennes. Le mobilier donne de multiples exemples de cette parenté, et l'on trouve en Italie, en particulier à Pompéi, les mêmes types de tables, de vasques, de margelles de puits, de moulins, etc. La *plastice*, de nouveau en vogue à l'époque hellénistique, et dont Délos possède un bel exemplaire, inspire peut-être les céramistes italiens[4].

N'oublions toutefois pas, comme M. Roussel le fait remarquer à propos des peintures religieuses[5], que Pompéi est postérieure à Délos, et que, par suite, ces analogies s'expliquent, non tant par une influence italienne sur l'île, que par l'influence sur l'Italie de prototypes créés dans les régions helléniques. L'Italie, toujours imitatrice de la Grèce, lui emprunte la maison à péristyle, fréquente à Délos, le principe du décor mural et des mosaïques, dont les maisons déliennes offrent tant d'exemples, et bien d'autres éléments utiles ou décoratifs. L'étude du mobilier atteste ces emprunts.

1. MP, XIV, 1908, p. 205 ; E, IX, p. 38 ; Bulard, *La religion domestique*, p. 13.
2. DCA, p. 277, 280.
3. Bulard, *Peintures et mosaïques de Délos*, MP, XIV, 1908, p. 163. Rapport entre les décorations murales de Délos et les décorations pompéiennes du premier style.
4. Voir plus haut, n° 31.
5. DCA, p. 280.

XI. — Destin des objets mobiliers.

74. *Rareté des objets mobiliers*. — A constater les multiples offrandes qui remplissaient les temples, l'étendue de la ville, l'activité de son commerce, on pourrait croire que les fouilles ont livré une grande quantité d'objets mobiliers. Au contraire, ils sont en nombre relativement restreint, qu'ils proviennent des sanctuaires[1], des demeures, des boutiques et des magasins[2] ; de plus, si les moindres ont leur utilité pour reconstituer la vie journalière des Déliens, la valeur de la plupart est médiocre. A la vérité, il en est ainsi presque partout en Grèce, « le meilleur contenu des maisons a presque partout, à Corinthe, à Priène, à Délos notamment, presque complètement disparu »[3].

Cette rareté s'explique par diverses causes, dont les unes sont générales, les autres particulières à Délos[4].

75. — *Usure. Réparations. Refonte*. — Le mobilier, profane ou sacré, se détériore à l'usage ou par le seul effet du temps. Aussi les inventaires mentionnent souvent des pièces hors de service, usées, endommagées ou brisées ; des vases, des brûle-parfums, des statuettes, ont perdu leurs anses, leur décor, leurs pieds, leurs membres[5] ; des couronnes sont mutilées[6] ; on spécifie ces avaries. On les

1. *Monuments grecs*, 1878, N° 7, p. 52.
2. E, VIII, I, p. 217 ; BCH, 30, 1916, p. 566.
3. Picard, *La vie privée de la Grèce classique*, p. 51.
4. *Archives des missions*, XIII, 1887, p. 402.
5. BCH, XV, 1891, p. 116 ; VI, 1882, p. 47, N° 166-7, p. 119; XXXII, 1908, p. 99 ; Courby, *Les vases grecs à reliefs*, p. 265.
Ex. χαλκὸν ἄχρειον ἐν βιβλιδίωι, DCA, p. 407, l. 115 ; ἐσχάριον χαλκοῦν παλαιόν, πυθμένα οὐκ ἔχον, *ibid.*, p. 225, note 4 ; ἀνδριαντίσκος χρυσοῦς, τὴν μίαν κνήμην οὐκ ἔχων, BCH, XXXII, 1908, p. 64, l. 21.
6. Durrbach, *Inscr. de Délos*, N° 461, p. 265, Ba, l. 6, στεφάνια χρυσᾶ ..., ἃ ἀνέθηκε ταῖς Χάρισι Στρατονίκη, τὸ ἕν οὐκ ἔχον κρίκους, οὐδὲ τοὺς δεσμούς, διαλελυμένα.

les préserver pour les érudits de l'avenir. S'il est difficile
de différencier les désastres de ces deux catastrophes[1],
du moins les traces qu'elles laissent et leurs conséquences
sont partout visibles sur la fouille.

La terreur que ces pillages suscitent[2] explique la découverte de plusieurs trésors monétaires que leurs propriétaires enfouirent à diverses époques pour les préserver et
qu'ils ne revinrent jamais chercher[3].

On constate en divers points de nombreux vestiges des
incendies qui dévorèrent la ville[4]. Dans la région voisine
de Scardana, on les voit à la maison du lac[5], à celle de
la colline[6]; dans des magasins, les colonnes de pierres ont
éclaté sous la violence du feu, et des murs voisins sont
brûlés jusqu'à la hauteur de 2 mètres[7]; à l'établissement
des Poseidoniastes, la charpente enflammée du portique s'est
effondrée[8]. Dans la palestre du Lac, les traces du feu
sont partout visibles, avec des oxydations dues au bronze
fondu[9], et ce sont de mêmes indices dans le quartier à

1. Durrbach, *Choix*, I, p. 241.
2. E, VIII, l. p. 217.
3. Découvertes de trésors monétaires à Délos, de diverses époques,
DCA, p. 48, note 4 (liste); 327, note 5 (monnaies attiques qui
doivent avoir été cachées à la veille de la catastrophe de 88); E, II,
p. 58 (dans les maisons chrétiennes de la salle hypostyle, ive-ve s.);
BCH, LX, 1936, p. 95. — E, VIII, 1, p. 36, 67, 225-6 (liste);
CRAI, 1905, p. 396 (liste), 781; 1906, p. 546; 1907, p. 368;
1910, p. 312; Durrbach, *Inscr. de Délos*, p. 270, n. 1; BCH, XL,
1916, p. 163 (quartier du stade, insula II B, sans doute enfoui lors
du sac de Mithridate); p. 255.
Ces trésors étaient parfois déposés à même le sol, parfois dans
une petite amphore d'argile, dans une feuille de plomb à laquelle
adhérait encore des restes d'étoffe, CRAI, 1905, p. 781. — Cf.
Blanchet, Les rapports entre les dépôts monétaires et les événements
militaires, politiques et économiques, 1936 (ne mentionne pas les trésors
déliens).
4. DCA, p. 325-6; CRAI, 1911, p. 853 sq.; Durrbach, *Choix*,
I, p. 241.
5. E, VIII, 2, p. 423.
6. E, VIII, 2, p. 416.
7. CRAI, 1911, p. 859, 866.
8. E, VI, p. 87.
9. CRAI, 1911, p. 859.

l'Est du Lac [1], à la fontaine Minoé [2]. Ils sont très nombreux dans le quartier du théâtre, où les moëllons et les dalles ont pris une teinte rougeâtre, où les stucs ont été décolorés, où les tuiles sont enfumées, où une margelle de puits, calcinée, s'effrite sous les doigts, où l'on trouve des restes de bois brûlé [3]. Dans la maison des masques, un bloc de vases en verre a été fondu par l'incendie [4].

On ne remarque pas de ravages au cœur de la ville et dans le téménos d'Apollon [5] ; la salle hypostyle semble être restée debout jusqu'à la fin du IIe siècle [6] et le sanctuaire de Zeus Kynthios est épargné, sans doute à cause de sa situation élevée [7]. La destruction, à vrai dire, n'est pas systématique. Mais sont dévastés les sanctuaires égyptien et syrien, le Cabirion [8], l'Agora des Italiens [9], l'établissement des Poseidoniastes [10], le Portique d'Antigone [11], la fontaine Minoé [12], la palestre du Lac [13], le quartier du stade avec le gymnase [14], le quartier du théâtre [15], les régions indiquées plus haut où l'on relève des traces d'incendie.

Après la tourmente, bien des édifices ruinés sont définitivement abandonnés. La plupart des temples des dieux étrangers ne sont pas relevés [16]; le gymnase, pillé par les

1. CRAI, 1911, p. 853-4 ; BCH, 44, 1920, p. 305.
2. E, V, p. 118.
3. E, VIII, I, p. 71-2 ; XX, 1896, p. 315 ; XXX, 1906, p. 564 ; p. 586 (boutique N° 11, rue du théâtre); p. 496 (maison du Dionysos) ; LI, 1927, p. 243 (id.).
4. BCH, LVII, 1933, p. 150. Les habitations du quartier du théâtre, comme celles d'autres quartiers, ont été pour la plupart ruinées en 88. E, XIV, p. 10.
5. Durrbach, *Choix*, I, p. 241.
6. E, II, p. 72 ; Durrbach, *Choix*, I, p. 241.
7. DCA, p. 228.
8. CE, p. 271 ; DCA, p. 326 ; BCH, 1908, p. 395 ; Durrbach, *Choix*, I, p. 241.
9. Durrbach, *Choix*, I, 241.
10. BCH, XLIV, 1920, p. 304-5; Durrbach, *Choix*, I, p. 241. Endommagé en 88, l'établissement est brûlé en 69.
11. E, V, p. 44-5 ; 117-8 ; DCA, p. 326 ; Durrbach, *l. c.*
12. E, V, p. 44, 117 ; Roussel, *l. c.*; Durrbach, *l. c.*
13. CRAI, 1911, p. 859, en 88.
14. BCH, XL, 1916, p. 163 ; XLVI, 1922, p. 67 ; LIV, 1930, p. 131.
15. E, VIII, 1, p. 71.
16. CE, p. 271.

78. — *Remploi de matériaux.* — A la suite de ces destructions et remaniements, de nombreuses pierres sont remployées dans des constructions ultérieures de diverses époques. Le mur élevé par Triarius pour protéger l'île contre de nouvelles incursions des pirates renferme en grand nombre des fragments d'architecture, des statues, des stèles, provenant de constructions détruites [1], une dédicace à Sylla est gravée sur un chapiteau dorique retourné [2], et une épigramme métrique sur une corniche de marbre [3]. Déjà l'établissement des Poseidoniastes avait utilisé des matériaux provenant d'ailleurs [4] ; à son tour, une fois abandonné après 69, il sert de carrière aux maisons voisines [5]. Des pierres du gymnase sont apportées à la palestre du Lac, à la synagogue [6], où l'on remplace même des pieds de bancs par un triglyphe, un chapiteau dorique [7]. Une frise de l'Agora des Italiens devient le seuil d'une maison [8]. La frise du proskénion, des bancs et des sièges sont arrachés au théâtre, des pieds sont prélevés dans les exèdres [9]. Au Sarapiéion C, le temple d'Isis remploie de nombreux blocs, dont plusieurs portent des inscriptions [10] ; un autel à cornes, qui paraît provenir du sanctuaire égyptien, reçoit une inscription du milieu du 1er siècle [11], et une plaque en marbre blanc, avec dédicace aux dieux égyptiens,

1. DCA, p. 332 ; CRAI, 1911, p. 876 ; Durrbach, *Choix*, I, p. 250. Sur le mur de Triarius, voir plus haut, n° 6.
2. Durrbach, *Choix*, I, p. 238, N° 148 ; Roussel-Launey, *Inscr. de Délos*, n° 1852.
3. *Ibid.*, p. 239, N° 149.
4. Des morceaux provenant d'une colonne primitive ont été remployés pour le portique de la cour à la citerne, E, VI, p. 39, 94, 100.
5. E, VI, p. 33, 131 ; BCH, XLIV, 1920, p. 306.
6. BCH, XXXVI, 1912, p. 387, note 3 ; LIV, 1930, p. 120, n. 3 ; DCA, p. 326, n. 3 ; *Mélanges Holleaux*, p. 212.
7. *Mélanges Holleaux*, p. 204.
8. BCH, XXXIV, 1910, p. 544, N° 10 ; DCA, p. 329, N° 7.
9. BCH, LIII, 1929, p. 282 ; fragments de la frise du théâtre trouvés dans le quartier des magasins, avec des inscriptions d'autre provenance, BCH, XXIX, 1905, p. 15, note 2 ; fragments de bancs remployés pour des dédicaces aux dieux égyptiens, Roussel-Launey, *Inscr. de Délos*, n° 2048, 2129.
10. CE, p. 61.
11. DCA, p. 226, note 14.

n'est plus qu'une pierre de seuil[1]. Les maisons réoccupées
après la catastrophe utilisent des dalles de toute provenance[2], à l'époque impériale[3], puis à l'époque chrétienne[4],
et s'approvisionnent méthodiquement aux constructions voisines. L'Agora des Compétaliastes et l'Agora de Théophrastos, régions habitées jusqu'à une date tardive, pillent
l'île entière[5], et, comme on l'a dit, « il y a comme un
mouvement général des pierres vers les centres d'habitation
les plus récents »[6]. C'est ainsi que les matériaux d'un
même édifice ont été trouvés en des points fort éloignés
de leur emplacement primitif, et que des fragments de
chapiteaux ioniques, engagés dans le mur de Triarius,
ont pu être raccordés avec des morceaux provenant de
l'Agora des Compétaliastes[7].

Les statues ne subissent pas moins de vicissitudes. Si
colossal qu'il soit, l'Apollon des Naxiens est transporté
loin de sa base[8] ; un Kouros archaïque, manifestement
originaire du téménos, a été découvert dans la rue du
théâtre[9] ; on réunit dans la maison du Diadumène des
statues qui proviennent sans doute de la palestre du Lac[10],
et dans une maison près du théâtre cinq statues qui ornaient
celui-ci[11].

Une fois que la vie a cessé à Délos, l'île continue à
servir de carrière aux habitants des îles voisines[12], aux

1. BCH, XXXII, 1908, p. 425, N° 28 ; Roussel-Launey, *Inscr. de
Délos*, n° 2051 ; cf. aussi n°s 1904, 2001.
2. E, VIII, 1, p. 33-4, Insula II E ; DCA, p. 285, note 2 (pierres
provenant du portique ionique du sanctuaire); dédicace remployée comme
seuil de maison, Roussel-Launey, *Inscr. de Délos*, 1907, n° 2417.
3. Maisons impériales construites sur la salle hypostyle, E, II, p. 65.
4. BCH, XXIX, 1905, p. 7.
5. DCA, p. 79, note 4.
6. CRAI, 1911, p. 861.
7. CRAI, 1911, p. 861.
8. Sur l'emplacement primitif, voir plus haut, n° 43.
9. BCH, XXX, 1906, p. 600, fig. 42.
10. CRAI, 1911, p. 861 ; E, VIII, 2, p. 427.
11. E, VIII, 1, p. 217 ; 2, p. 427 ; BCH, XXXI, 1907, p. 394.
12. Les habitants de Myconos arrachent par exemple les marches de
l'escalier du Cynthe pour leur usage, DCA, p. 224, note 10. Inscription
avec comptes déliens trouvée à Myconos où elle servait de table d'autel
dans l'église de Lino, *Archives des Missions*, XIII, 1887, p. 430, n° 32.

touristes et aux érudits, qui ont éparpillé les marbres
déliens dans maint musée et dans mainte collection [1].

79. — *Destruction des objets mobiliers. Pillage. Fours à
chaux, fonderies.* — Les objets mobiliers, par leurs dimensions mêmes, leur matière souvent précieuse, leur utilisation
possible, sont sujets à disparaître plus que les édifices et
les statues, et les causes qui leur sont hostiles sont nombreuses à Délos.

Les sanctuaires sont dépouillés de leurs offrandes. Au
IIᵉ siècle déjà, des objets mobiliers appartenant au sanctuaire d'Agathé Tyché sont enlevés et, sans doute, transférés dans la ville basse, pour les mettre à l'abri des coups
de mains des pillards [2]. Lors du sac de l'île par les
soldats de Mithridate, les richesses sacrées sont envoyées
à Athènes ; le temple d'Apollon n'est toutefois pas entièrement dépouillé, car il renferme en 80 encore des statues
qui tentent la cupidité de Verrès [3] ; il est vraisemblable
qu'après 69 le mobilier des temples abandonnés ou trop
exposés est distribué entre les sanctuaires que protège le
mur de Triarius [4].

Les maisons sont pillées par les envahisseurs [5]. Aban-

Marbres de Délos à Paros, BCH, III, 1879, p. 158 : à Tinos, etc.,
Monuments grecs, nᵒ 7, 1878, p. 35.

1. Voir plus haut, stèles funéraires, nᵒ 61. Ex. Michon, Les marbres antiques de Délos conservés au Musée du Louvre, BCH, XXXV,
1911, p. 288 sq. Autel à Avignon, *Mém. Soc. Nationale Antiquaires
de France*, 1906, p. 316, Nᵒ 2 sq. Beaucoup de marbres déliens sont
à Oxford, BCH, II, 1878, p. 334. Un pied du colosse des Naxiens
est au British Museum ; un provéditeur de Tinos avait fait scier le
visage de la statue, BCH, XLVIII, 1924, p. 241-2.
Les Vénitiens ont transporté de nombreuses œuvres d'art grecques.
Sur leur rôle, Eichler, Ein griechischer Marmorkopf aus Arbe, JOAI,
XXV, 1929, p. 109 sq. ; REG, 1923, p. 70. M. Leroux a prouvé
qu'un des lions archaïques du Lac sacré se trouve actuellement à l'arse-
nal de Venise.
2. E, XI, p. 226.
3. DCA, p. 325 et n. 3 ; pillage de Verrès, Lebègue, *Recherches*,
p. 319.
4. BCH, LIII, 1929, p. 225.
5. La maison de la colline a été pillée avant d'être incendiée, E,
VIII, 2, p. 416 ; de même la maison des masques, BCH, LVII,
1933, p. 150.

données, elles sont aussi dépouillées méthodiquement par les habitants de tout ce qui vaut la peine d'être emporté, et ils n'y laissent que les objets industriels trop lourds ou engagés dans le sol, les pièces brisées et sans valeur [1] ; ils vont jusqu'à enlever les plombs des conduites, un emblème de mosaïque.

Les fours à chaux que l'on repère en divers points de la fouille [2] apportent leur aide à cette œuvre de destruction, et sans doute que les dépôts de marbres disparates, trouvés en divers lieux, sont destinés à les alimenter. Dans la salle g de la maison L, Insula VI du quartier du théâtre, des objets mobiliers, labra, sékomata, poids, cadran solaire, pieds de tables, tous usagés, sont moins les vestiges d'un atelier de marbrier que les matériaux préparés pour la destruction [3]. Il semble même que l'on ait voulu débiter à cette intention le colosse des Naxiens [4].

On a trouvé des scories de bronze dans la même pièce g de la maison L, dans l'Insula VI, et l'on a supposé en ce point une fonderie, qui a sans doute fonctionné après la ruine du quartier entier, pour tirer parti des bronzes recueillis dans les demeures [5] ; il en est de même d'autres fonderies au coin S.E. de la palestre du Lac [6], et dans l'établissement des Poseidoniastes [7].

1. BCH, VIII, 1884, p. 492 ; E, VIII, 1, p. 68, 211, 217.
2. BCH, XLVIII, 1924, p. 242 ; dans l'Artémision, *ibid.*, p. 417 ; dans l'Agora des Italiens, BCH, VIII, 1884, p. 184, n° 17 ; près de la synagogue, *Mélanges Holleaux*, p. 201 ; dans le quartier du théâtre, maison du Dionysos, Insula VI, I, E, VIII, 1, p. 61, 67 ; dans la cour de la maison N. de l'Insula VI, E, VIII, 1, p. 61, 67 ; *Monuments grecs*, 7, 1878, p. 35.
3. E, VIII, 1, p. 60-61, 218.
4. BCH, XLVIII, 1924, p. 242-3, p. 226, fig. 105.
5. E, VIII, 1. p. 60, 213.
6. CRAI, 1911, p. 854, 859 ; on y a trouvé « les murs d'un ergastérion que nous avons pu reconnaître comme un atelier de fondeurs de bronze » ; E, VIII, 1, p. 213, note 2. Cf. Picard, *La vie privée de la Grèce classique*, p. 29 ; id., MP, XXIV, 1920, p. 86. Avec four et scories de métal.
7. E, VI, p. 28.

Dépôt légal :   N° de série :
1948, 2ᵐᵉ trimestre.   Imprimeur : 46.

LE PUY. IMP. «LA HAUTE-LOIRE»

E. DE BOCCARD, Éditeur, 1, rue de Médicis, PARIS (VIe)

ECOLE FRANÇAISE D'ATHÈNES
TRAVAUX ET MEMOIRES

W. DÉONNA

DÉDALE
OU LA STATUE DE LA GRÈCE ARCHAIQUE

2 volumes in-8o, ill.   800 fr.

C.-H.-E. HASPELS

ATTIC BLACK-FIGURED LEKYTHOI

2 volumes (Texte et Planches)   2.000 fr.

EXPLORATION ARCHÉOLOGIQUE DE DÉLOS

W. DÉONNA

LE MOBILIER DÉLIEN

2 volumes (Texte et Planches)   2.500 fr.

BIBLIOTHÈQUE DES ÉCOLES FRANÇAISES D'ATHÈNES
ET DE ROME

Fasc. 163

H. VAN EFFENTERRE

LA CRÈTE
ET LE MONDE GREC
DE PLATON A POLYBE

Un volume in-8o   660 fr.

Fasc. 166

M. SIMON

VERUS ISRAEL

Étude sur les relations entre Chrétiens et Juifs
dans l'Empire romain.

Un volume in-8o

IMP. « LA HAUTE-LOIRE ». 23, BD CARNOT. — LE PUY.